하나님나라 관점으로 여호수아 읽기

비전, 위대한 인생의 시작

하나님나라 관점으로 여호수아 읽기

비전, 위대한 인생의 시작

Copyright ⓒ 도서출판 목양 2019

개정판 1쇄 인쇄 2019년 7월 5일
개정판 2쇄 인쇄 2024년 2월 5일

지은이 이종필
펴낸이 정성준
펴낸곳 도서출판 목양

등록 2008년 3월 27일 제 2008호-04호
주소 경기도 용인시 처인구 양지면 양지리 38-2
전화 070-7561-5247 팩스 0505-009-9585
홈페이지 www.mokyangbook.com
이메일 mokyang-book@hanmail.net

ISBN 979-11-86018-75-0 (03230)

THE
KINGDOM-VISION
MAKES YOUR
LIFE GREAT

하나님나라 관점으로 여호수아 읽기

비전,
위대한 인생의 시작

이종필 지음

서문

하나님나라 관점으로 여호수아 읽기
『비전, 위대한 인생의 시작』 개정판을 펴내며

라이먼 프랭크 바움의 〈오즈의 마법사〉에는 도로시라는 소녀와 함께 모험을 떠나는 세 캐릭터가 나온다. 뇌가 없는 허수아비와 마음이 없는 양철나무꾼, 그리고 용기가 없는 사자이다. 특히 용기 없는 사자가 기억에 남는다. 사자에게 용기가 없다면 어떻게 살아갈 수 있을까? 사자에게 용기가 없다면 살아가는 것이 무슨 의미가 있을까? 용기 없는 사자에게 '사자'라는 이름은 가치가 있을까? 이 세상에 용기 없는 사자가 있다면 그 사자의 생존은 무의미할 것이다.

이 세상에서 용기 없는 사자보다 더 불쌍하고 의미 없는 삶을 살아가고 있는 존재는 바로 '비전 없는 인간'이다. 인간에게서 비전을 빼고 나면 생존만이 남는다. 생존은 짐승에게 어울리는 말이다. 하나님께서는 우리 인간을 생존만을 위해 만드시지 않았다. 하나님의 독특한 계획과 목적을 가지고 만드셨다. 개개인을 향한 하나님의 이 특별한 계획을 비전이라고 말할 수 있다. 그 비전이 우리 모두의 삶을 의미 있고 행복하고 가치 있게 만드는 것이다.

〈오즈의 마법사〉에 나오는 용기 없는 사자는 용기를 찾아 모험을 하는 과정에서 자신 안에 용기가 있다는 것을 발견한다. 우리 모두는 각자에게 허락된 비전이 있다는 것을 확신하고 발견해야 한다. 그것이 우리 인생의 가장 중요한 우선순위가 되어야 한다. 비전이 없는 인생은 사실 매우 무의미한 인생일 수밖에 없기 때문이다.

지금 온 세계는 비전 없는 젊은 세대들 때문에 고민하고 있다. 우리나라의 젊은 세대들도 마찬가지다. 이 세대는 더 많은 물질과 쾌락을 얻는 것이 인생의 가장 중요한 목적이라고 착각하고 있다. 더 많이 벌어서 더 많은 쾌락을 누리는 것이 인생의 목적이 되어버렸다. 비전이 들어가야 할 자리를 물질과 쾌락이 대신했다. 물질과 쾌락은 우리의 삶에 잠깐의 즐거움을 줄 수 있지만 우리의 영혼을 채우지는 못한다. 쾌락에 몰두한 세대는 영혼의 황폐함 때문에 갈증을 느끼고 더욱 더 자극적인 쾌락에 몰두하게 되는 것이다. 주위를 둘러보라. 쾌락을 조장하는 레저 산업이 가장 각광을 받고 있지 않은가? 노래방에서 비디오방으로 대화방에서 키스방까지 쾌락을 누리려는 젊은 세대들을 유혹하여 돈을 벌려는 사업 아이템들이 계속 쏟아져 나오고 있다.

가난한 삶을 살았던 세대는 물질적인 풍요를 목표로 열심히 살아 가면서 나름대로 의미를 느꼈지만, 이미 풍요를 누리게 된 이 세대는 삶의 의미를 발견하지 못하고 더욱 더 자극적인 쾌락을 향해 나아가고 있다. 미국을 비롯하여 세계에서 가장 부유한 국가들의 젊은 세대들이 모두 마약과 성적 쾌락에 몰두하고 있다는 사실이 이것을 입증해 준다. 한국도 예외는 아니다. 아무런 비전이 없는 젊은 세대는 우리 한국 사회의 가장 큰 문제다. 그렇게 이 세대는 비전을 완전히 상실했다. 모두가 '풍요롭지만 불행한' 삶을 살아가고 있다.

이 책은 이렇게 심각한 상황에 있는 현대인들을 위해 씌여졌다. 이 책은 하나님께서 각자에게 주신 멋진 비전을 발견하고 성취하려 노력하는 인생이 가장 행복하고 의미 있고 가치 있는 위대한 인생이 된다는 것을 알려 주는 책이다. 여호수아는 하나님께서 자신에게 주신 멋진 비전을 발견하고 그것을 성취하는 데 일생을 바쳤다. 우리는 그의 삶을 분석하면서 우리에게 주어진 비전을 발견할 수 있을 것이며, 그 비전을 성취해 나가기 위해 필요한 구체적인 지침들을 얻을 수 있을 것이다.

우리가 꼭 기억해야 할 것이 있다. 하나님께서는 우리 모두가 멋진 비전을 가진 위대한 인생을 살아가기를 원하신다는 것이다. 그것을 위해 하나님께서는 그의 아들 예수 그리스도를 이 땅에 보내서서 우리를 새로운 피조물이 되게 하셨다. 하지만 여러 가지 이유로 우리는 멋진 비전을 발견하지도 못하고 비전을 발견한다 해도 성취하지 못한 채 살아간다.

우리는 흔히 위대한 인생을 살아가는 사람들은 특별한 사람이라고 생각한다. 우리는 스스로 '나 같은 사람은 위대한 인생을 살 수 없다'고 생각한다. 그러나 진정으로 위대한 인생을 살아간 신앙의 선배들은 결코 처음부터 위대한 사람으로 태어나지 않았다. 성경이 위대한 인생을 살았다고 평가하는 사람들은 모두 평범한 사람들이었다. 하지만 그들은 하나님께서 반드시 이루실 것이라는 약속을 믿고 비전을 향해 한걸음씩 나아갔다. 비전을 발견하고 믿음으로 나아간 것이 그들의 삶을 위대한 인생으로 만들었던 것이다.

우리 모두에게 위대한 인생의 길은 열려있다. 그 길을 가기 위한 방법이 성경에 자세히 기록되어 있다. 이 책은 그 성경의 일부를 통해 우리 모두에게 위대한 인생으로 가는 항해에 동참할 것을 권면하고 있다. 평범한 한 사람에 불과했던 여호수아가 위대한 인생을 살게 되었던 비결을 발견하고 모두가 비전을 성취하는 위대한 인생을 누리는 축복을 함께 나누길 바란다.

이 책이 나오기까지 인도하신 하나님, 나를 언제나 넘치도록 사랑 하신 부모님, 특히 아브라함같이 믿음의 길을 개척하신—지금은 천국에 계신—아버지, 내가 주님의 일에 집중할 수 있도록 늘 배려를 아끼지 않는 아내, 나의 기쁨 시은 지민 재현이에게 감사의 말을 전하기에는 이 지면이 부족할 것이다.

늘 말씀을 기대하는 믿음의 동역자 세상의빛교회 성도들, 과거에 성경공부에 늘 동참하여 은혜를 나누었던 제자들, 늘 격려해 주시고 좋은 가르침을 주신 선생님들과 목사님들께 특별히 감사한다. 비전에 대해서 강의했던 많은 시간 동안 나와 함께 은혜를 나누었고 질문과 답변을 교환했던 익명의 많은 젊은이들과 청소년들에게도 마음을 전하고 싶다. 개정판을 내 주신 목양에 감사를 전한다.

2019. 5. 강남 목회 현장에서
이종필 목사

목차

제 1 부

비전으로
시작하라

THE

KINGDOM-VISION
MAKES YOUR
LIFE GREAT

01
비전, 위대한 인생의 시작

비전은 가장 큰 축복이다

　복음을 듣고 예수 그리스도를 알게 되었다는 것은 가장 큰 축복이다. 복음이 우리에게 큰 축복인 이유는 무엇인가. 복음을 믿으면 이상하게 일이 잘 풀리기 때문인가? 예수께서 지켜주셔서 나쁜 짓을 해도 항상 재물운이 따르고 자식복이 넘치기 때문인가? 그렇지 않다. 복음이 우리에게 가장 큰 축복이 되는 이유는 복음이 우리에게 인생을 바꾸는 위대한 비전을 주기 때문이다. 성경에서 하나님을 믿게 된 많은 사람들의 인생이 너무나 아름답게 변화되었다. 그들의 인생은 위대하게 변했다. 이것이 믿음을 가진 우리들이 누릴 수 있는 가장 큰 축복이다.

하나님께서 우리의 삶에 대해 품으신 계획을 비전이라고 부른다. 위대한 삶은 바로 하나님께서 주신 비전을 발견하는 것에서 시작된다. 비전은 우리가 만드는 것이 아니고 하나님 앞에서 발견하는 것이다.

비전이 우리의 인생에서 얼마나 중요한 것인지는 더 이상 말할 필요가 없을 것이다. 세상에는 비전을 이룬 사람들의 이야기들이 넘쳐난다. 사람들은 비전을 이룬 사람들의 이야기를 좋아한다. 특히 역경 가운데에도 비전을 이룬 사람들의 이야기는 언제나 인기가 있다. 많은 사람들이 그러한 이야기를 듣고 전하며, 자신들도 그렇게 비전을 이루며 살아가려고 노력한다.

그런데 비전에 대해 말하자면 이 시대는 암울하다. 이 시대에는 비전이 없이 살아가는 사람이 너무나 많다. 실패하고 좌절할 것이 두려워 비전을 갖기를 포기하는 사람도 많다. 잘 먹고 잘 사는 것을 비전으로 삼고 살아가는 사람도 많다. 자신의 야망을 비전이라고 착각하는 성도도 많이 있다.

이 세상에서 우리들이 발견할 수 있는 비전이란 자신의 욕심을 채우는 야망뿐이다. 그렇게 야망을 향해 달려가면 불행한 인생의 결말을 맞이할 수밖에 없다. 이 시대에는 잘못된 야망을 꿈꾸다 죽어 간 사람들이 너무나 많다. 탐욕과 쾌락으로 가득찬 이 세상에서 우리에게 진정한 행복을 가져다주는 비전을 갖는 것은 정말 어려운 일이 되어버렸다. 이 시대를 살아가는 사람들이 예전보다 비전에 대해 관심은 많지만 오히려 비전을 잃어가고 있다는 것은 너무나 당연한 것이다. 우리는 비전을 말하지만 하나님께서 주신 비전을 찾으려 하지는 않는다.

사실 비전이 없는 사람은 죽은 사람과 같다. 인생의 진정한 비극은 비전을 실현하지 못한 것에 있는 것이 아니라 실현하고자 하는 비전이 없다는 데 있다. 또한 비전이 있다고 하더라도 하나님께서 주신 것이 아닌 자신의 잘못된 야망을 비전으로 착각하고 성취를 꿈꾸는 경우도 있다. 이러한 야망은 자신뿐 아니라 많은 다른 사람들까지 희생시키며 파멸을 향해 달려간다.

예수 안에서 천국의 소망을 얻은 사람은 이 땅에서 진정한 비전을 얻을 수 있다. 진정한 비전은 인생을 풍요롭고 가치 있게 만든다. 이것이 얼마나 큰 축복인가? 모두 예수 그리스도의 복음 안에서 새로운 인생의 비전을 발견하라. 여러분의 인생을 행복하게 할 뿐 아니라 남들까지 행복하게 할 수 있는 진정한 비전을 발견하라. 그것이 바로 멋진 비전이다. 그것을 이루기 위해 살아가는 인생은 어떤 것을 통해서도 얻을 수 없는 행복을 누리게 될 것이다.

비전은 모두에게 있다

보통 우리들은 비전이 특별한 사람들에게만 있을 것이라고 생각한다. 그것은 정말 잘못된 생각이다. 토기장이가 그릇을 빚어낼 때 목적이 없이 만드는 경우가 있을까? 토기장이는 자기가 만든 그릇이 쓰일 곳을 생각하며 그릇을 만든다. 하나님께서 우리를 만드실 때도 마찬가지다. 우리는 우연히 존재하게 된 단백질 덩어리가 아니다. 하나님께서는 우리 각자를 분명한 목적을 가지고 만드셨다. 하나님께서는 목적이 없이는 어떤 일도 하지 않으신다. 하나님의 모든 행위에는 목적이 있다. 우리 모두는 그러한 목적 하에 창조된 것이다. 하나님께서 우리를 만드실 때 가지고 계신 목적에 따라 설계된 우리의 인생 계획이 바로 우리 각자의 비전이 되는 것이다.

하나님께서는 성경의 모든 인물들에 대해 계획을 가지고 계셨다. 그것을 발견하여 성취한 사람들에게는 위대한 삶이 주어졌다. 그들이 발견한 자신들에 대한 하나님의 계획이 그들에게 비전이 되었다. 하나님께서는 아브라함에게 '강대한 나라'가 될 것이라고 말씀 하셨다.

> 아브라함은 강대한 나라가 되고 천하 만민은 그로 말미암아 복을 받게 될 것이 아니냐 (창 18:18)

아브라함은 자신의 인생을 시작할 때 이 아름다운 계획을 알지 못했다. 하나님을 따라 매우 오랜 시간 믿음의 삶을 살게 되면서 이 계획을 차차 깨닫기 시작했다. 그는 이 계획을 자신의 비전으로 삼아 고향과 친척을 떠나 낯선 땅에서 살아갔다. 결국 그는 모든 믿는 자들의 조상이 되었다.

하나님께서는 요셉에게 스스로도 이해할 수 없는 꿈을 꾸게 하셨다.

> 우리가 밭에서 곡식 단을 묶더니 내 단은 일어서고 당신들의 단은 내 단을 둘러
> 서서 절하더이다... 내가 또 꿈을 꾼즉 해와 달과 열한 별이 내게 절하더이다 하
> 니라 (창 37:7, 9)

요셉은 이 황당한 꿈 덕분에 시련으로 가득한 삶을 살게 되었다. 요셉이 이 꿈을 완전히 이해한 것은 많은 시간이 지난 후였다. 하지만 이것은 요셉에게 가지고 계셨던 하나님의 계획이었다. 요셉은 그 계획을 받아 들였다. 그는 어떤 환경에서도 하나님을 신뢰하면서 믿음을 잃지 않고 살았다. 그는 애굽의 총리가 되기 위하여 살아간 것이 아니다. 하나님의 계획을 신뢰하며 어려운 시절을 이겨낸 것이다. 결국 요셉은 하나님께서 자신에게 계획하셨던 놀라운 비전을 성취하였고 그의 인생은 위대한 인생이 되었다.

하나님께서는 예수 믿는 성도를 핍박하던 바울에게 특별한 계획을 가지고 계셨다. 주님은 그 계획을 바울 자신이 아닌 아나니아라는 신실한 제자에게 알리셨다. 바울의 삶에 대한 하나님의 계획이 먼저 남에게 전달되었던 것이다.

> 주께서 이르시되 가라 이 사람은 내 이름을 이방인과 임금들과 이스라엘 자손
> 들에게 전하기 위하여 택한 나의 그릇이라 그가 내 이름을 위하여 얼마나 고난

바울은 다메섹으로 가던 길에 주님을 만나고 회심했다. 그는 자신의 삶에 대한 이 놀라운 계획을 아나니아에게 전해 들었을 것이다. 바울은 신실하게 하나님께서 주신 자신의 비전을 따라 살았다. 모든 과거와 세상의 영화를 배설물처럼 버리고 주님의 계획을 따라 살았다. 바울이 얼마나 놀라운 인생을 살게 되었는지는 더 이상 설명할 필요가 없다.

우리가 예수님을 모르고 살아갈 때는 우리를 향한 하나님의 계획을 알 수 없다. 따라서 예수님을 모르는 모든 사람들은 자기 스스로가 세운 야망을 좇거나 아무 계획이 없이 상황이 주어지는 대로 살아가게 된다. 우리가 하나님을 믿고 자신의 인생에 대한 하나님의 계획을 깨닫기 위하여 기도할 때 감추어진 비전은 베일을 벗고 나타나기 시작한다. 하나님을 모르고 어떻게 하나님께서 우리 인생에 대해 계획하신 것을 알 수 있을 것인가?

여기서 우리는 하나님께서 아브라함이나 요셉이나 바울과 같은 사람들에게만 특별한 계획을 가지고 계셨을 것이라고 생각하지 말아야 한다. 이들의 위대한 삶이 성경에 소개된 것은 하나님께서 이들에게만 계획을 가지고 계셨기 때문이 아니다. 이들이 주님을 믿고 자신들에 대한 하나님의 계획을 찾아 자신들의 비전으로 받아들였고 성취하기 위해 믿음으로 순종했기 때문이었다.

우리 모두의 인생에는 하나님의 놀라운 계획이 있다. 이 사실을 믿고 비전을 찾아 성취하려는 삶을 살아가는 사람은 누구나 위대한 인생을 살아갈 수 있게 된다. 이것이 성경의 가르침이다. 세상은 하나님의 계획대로 멋진 비전을 성취하며 살아가는 삶을 위대하지 않다고 말할 수도 있다. 하지만 역사의 주관자이신 하나님께서는 이러한 삶을 위대하다고 말씀하시고 축복하신다.

비전을 소망하라

여호수아는 성경에서 가장 명백하게 하나님의 비전을 받아 성취 하는 인생을 살아간 사람이다. 우리는 그의 인생을 교과서로 삼을 필요가 있다. 그의 인생은 구약 출애굽기와 민수기와 여호수아에 잘 기록되어 있다.

여호수아는 암담한 시대에 태어났던 사람이다. 그는 당시 대제국 애굽의 통치를 받고 있던 인구 몇십만 정도의 이스라엘이라는 작은 민족의 후손으로 태어났다. 다른 나라의 지배를 받던 이런 작은 민족의 후예로서 여호수아가 위대한 비전을 갖는다는 것은 참으로 어려운 일이었다. 애굽의 지배를 받던 작은 민족의 후손에게 주어진 미래는 강제 노역에 시달리는 일밖에 없었다.

그러나 여호수아는 놀라운 비전을 가지고 그것을 이루는 삶을 살았던 멋진 사람으로 기억되고 있다. 도대체 어떻게 여호수아는 아름다운 비전을 갖게 되었는가? 그것은 바로 여호수아가 하나님을 믿었고, 그 믿음 안에서 하나님께서 주시는 약속을 붙잡았기 때문이다. 여호수아의 비전은 자신이 스스로 생각해낸 것이 아니었다. 여호수아는 하나님께서 주신 '가나안 땅'에 대한 약속을 믿었다. 그는 그러한 믿음 가운데 성장했다. 그는 민족의 지도자였던 모세와 함께 민족을 위해 기도하며 헌신했다. 그 과정에서 하나님은 그에게 '가나안 정복을 이끄는 지도자'가 되는 놀라운 비전을 주셨다. 그 비전은 여호수아의 일생을 참으로 복된 인생으로 만들기에 충분했다.

여호수아는 믿음 안에서 진정한 축복을 누린 사람이다. 이 시대에도 복음을 통해 하나님과 그의 아들 예수 그리스도를 믿게 된 성도는 어떤 민족의 어떤 가정에서 어떤 배경을 가지고 태어났든지 동일한 축복을 누릴 수 있다. 복음은 우리에게 내세의 영원한 삶을 약속하는 동시에 이 세상에서 놀라운 비전을 발견하고 성취하며 살아가는 축복을 가져다준다. 예수님을 만난 모든 성도들은 영원한 천국의 축복을 누리기 전에 이미 이 땅에서 하나님께서 주신 비전을 이루며 살아가는 행복을 누리는 것이다. 복음을 깨달은 우리들은 이 축복과 행복을 소망하면서 주님을 따라야 한다. 그러면 하나님께서 예비하신 놀라운 축복의 주인공이 될 수 있다.

이 시대는 비전의 사람을 요구한다

역사적으로 여호수아라는 인물은 모세의 시대를 계승한 인물이다. 모세는 어떤 사람이었는가? 신명기 마지막 장에는 이렇게 기록되어 있다.

> 그 후에는 이스라엘에 모세와 같은 선지자가 일어나지 못하였나니 모세는 여호와께서 대면하여 아시던 자요 여호와께서 그를 애굽 땅에 보내사 바로와 그의 모든 신하와 그의 온 땅에 모든 이적과 기사와 모든 큰 권능과 위엄을 행하게 하시매 온 이스라엘의 목전에서 그것을 행한 자이더라 (신 34:10-12)

모세는 과거에도 없었고 앞으로도 존재하지 못할 만큼 위대한 지도자였다. 이러한 지도자의 죽음은 한 시대가 끝났으며 이제 불확실하고 힘겨운 새 시대가 열리게 된다는 것을 의미한다. 위대한 지도자 모세의 죽음은 이스라엘 백성들에게 큰 혼란과 상실감을 불러 일으켰을 것이다.

신명기의 바로 다음 책인 여호수아의 첫 말씀에 모세의 시종자였던 눈의 아들 여호수아가 등장한다. 하나님께서는 모세가 죽은 후에 새로운 사람을 통해 하나님 나라의 일을 계속해서 진행해 나가시려고 계획하셨다. 믿음으로 무장되어 있었던 여호수아는 하나님께 쓰이고자 하는 열정을 가지고 있었다. 여호수아는 과거를 그리워하며 안주하지 않았다. 그는 하나님께서 주실 미래의 소망을 붙잡고 앞으로 나아갔다. 그는 모세가 완성하지 못했던 자기 민족을 향한 하나님의 비전을 위해 앞으로 나아가기를 주저하지 않았다. 그는 자기의 민족에게 주실 땅을 정복하는 것을 미래의 사명으로 여기는 비전의 사람이었던 것이다. 여호수아는 새 비전을 가진 사람이 필요했던 새 시대에 하나님께 쓰임을 받았다.

하나님께서는 새로운 시대에 하나님의 계획을 이루어갈 미래 지향적인 인물을 찾고 계신다. 하나님께서 찾으시는 인물이 바로 우리일 수 있다면 우리의 삶도 매우 아름답고 축복받은 삶으로 기억될 수 있을 것이다.

이 시대는 복음이 쇠퇴하고 탐욕과 쾌락이 온 세상을 덮어버린 시대이다. 수많은 사람들이 세계 곳곳에서 아무 소망도 없이 안타까운 삶을 살아가며 신음하고 있다. 하나님께서는 이러한 시대에 여호수아와 같은 비전의 사람을 요구하신다. 새 시대의 사명을 짊어지고 나아갈 헌신된 사람이 필요하다. 여호수아는 모세와 같이 유명한 인물이 아니었다. 하지만 여호수아는 하나님의 약속을 그대로 신뢰하는 놀라운 믿음을 가지고 있었다. 하나님의 약속에 대한 흔들리지 않는 신뢰가 그에게 있었다. 여호수아는 가나안을 정탐했던 열두 명 중 한 사람이었다. 그는 가나안 사람들의 기세에 눌려 하나님의 약속을 망각한 열 사람과는 달리 하나님의 능력을 바라보며 담대히 가나안을 정복해야 한다고 강력히 주장했다.

> 그 땅을 정탐 한 자 중 눈의 아들 여호수아와 여분네의 아들 갈렙이 자기들의 옷을 찢고 이스라엘 자손의 온 회중에게 말하여 이르되 우리가 두루 다니며 정탐한 땅은 심히 아름다운 땅이라 여호와께서 우리를 기뻐하시면 우리를 그 땅으로 인도하여 들이시고 그 땅을 우리에게 주시리라 이는 과연 젖과 꿀이 흐르

는 땅이니라 다만 여호와를 거역하지는 말라 또 그 땅 백성을 두려워하지 말라 그들은 우리의 먹이라 그들의 보호자는 그들에게서 떠났고 여호와는 우리와 함께 하시느니라 그들을 두려워하지 말라 하나 (민 14:6–9)

여호수아는 하나님만을 바라보는 믿음의 사람이었기에 새로운 시대에 하나님의 비전을 받아 이룰 수 있는 사람이 되었던 것이다. 기회는 누구에게나 열려 있다. 우리에게 하나님의 약속을 굳건히 신뢰할 수 있는 믿음이 있다면 여호수아와 같은 비전의 사람이 될 수 있는 것이다. 하나님을 믿는다면 비전을 달라고 간절히 구하라. 하나님께서는 우리의 믿음을 보시고 비전을 주실 것이다.

여호수아의 비전

인생에서 비전을 이룬 사람들은 한 가지 공통점을 가지고 있다. 그것은 그들이 매우 분명하고 구체적인 비전을 가지고 있었다는 것이다. 막연한 비전이나 소망은 이루어지지 않는다. 여호수아는 하나님께 기도했다. 그 과정에서 그는 매우 구체적인 비전을 얻게 되었다. 그 비전은 바로 '가나안 땅을 정복하는 것'이었다.

곧 광야와 이 레바논에서부터 큰 강 유브라데 강까지 헷 족속의 온 땅과 또 해 여호수아는 하나님 앞에서 구체적인 비전을 소유하게 되었다. 물론 이러한 비전은 하루 아침에 주어진 것이 아니다. 여호수아가 평생을 통해 발견한 것이다. 위대한 인생을 살고자 한다면 하나님께 비전을 구하라. 우리는 하나님께서 우리를 통해 이루시길 원하는 멋진 비전을 계속해서 구해야 한다. 여호수아가 어느 날 갑자기 하늘의 음성을 들은 것으로 생각하면 곤란하다. 비전은 하나님께서 주신 작고 구체적인 목표들을 순종하며 이루어 가는 과정 속에서 점점 구체화되어 간다. 하나님께서는 때때로 여러 가지 방법으로 비전을 발견하는 길을 열어주시기도 한다.

새 시대에는 이전에 없었던 새로운 사명들이 생겨난다. 새로운 곳에서 새로운 일들이 우리를 기다리고 있다. 하나님께서는 믿음으로 무장되어 준비된 용사들이 기도할 때 구체적인 비전을 제시해 주시고 인도하신다.

한국 선교의 아버지라 할 수 있는 언더우드 선교사는(H. G. Underwood) 원래 한국 선교를 계획했던 사람이 아니었다. 그는 1884년에 뉴부런즈윅 신학교를 졸업하고 목사 안수를 받았다. 목사가 된 뒤 언더우드는 인도 선교에 뜻을 두고 준비하기 시작했다. 그런데 그의 마음에 지워지지 않는 한 음성이 있었다. 거의 서양에 알려지지 않았던 조선이라는 땅에 대한 하나님의 음성이었다. 인도 선교를 준비하던 언더우드 선교사님은 일본을 거쳐 한국에 입국하게 되었다. 그의 입국은 한국의 역사를 바꿔 놓았다고 해도 지나치지 않은 거대한 하나님의 계획의 시작이었다. 그는 교육과 선교사역을 통해 한국을 지대하게 발전시켰다. 그는 기도하면서 하나님께서 주시는 구체적인 비전에 차츰 접근할 수 있었다. 그의 멋진 비전은 한 나라를 바꾸어 놓았다.

우리는 말씀과 기도를 통해 하나님께서 우리에게 주시는 비전을 찾아가야 한다. 계획이 없이 이 세상에 보내진 사람은 아무도 없다. 하지만 모든 성도들이 자신에게 주어진 구체적인 비전을 발견하지는 못한다. 구체적인 비전을 얻기 위해서는 말씀으로 양육되어야 한다. 하나님의 눈으로 세상을 바라보는 훈련이 필요하다. 하나님의 말씀은 우리에게 이 세상에서 해야 할 일을 알려 준다. 말씀이 없이는 야망을 키워갈 수밖에 없다.

또한 우리는 기도로 하나님의 뜻을 구해야 한다. 우리는 기도 중에 하나님께서 주시는 인도하심을 받을 수 있다. 하나님의 인도하심을 받지 못하는 인생은 길을 잃고 많은 시간을 방황하게 된다. 뜬 구름 잡는 인생이 되고 만다. 결국 하나님께서 주시는 인생의 비전을 알지도 못한 채 인생을 의미 없이 마치게 될 수도 있다.

지금 우리는 하나님께서 우리에게 계획하신 비전이 무엇인지 간절히 구해야 한다. 하나님께 나아가 물어야 한다. 너무 바쁘다고 생각하는

가? 너무 할 일이 많은가? 그것은 모두 핑계이다. 목표도 없이 무엇 때문에 바빠야 하는가? 비전도 없이 무엇 때문에 할 일이 많아야 하는가? 하나님께서 우리의 삶을 통해 이루시려는 비전을 발견하지 못하면 아무리 열심히 노력해도 위대한 인생이 될 수 없다.

확신을 소유하라

비전을 찾아 새로운 인생을 시작하고 싶은가? 그렇다면 확신을 소유해야 한다. 비전에 대한 확신은 위대한 인생을 향한 가장 중요한 영적 기초이다.

여호수아같이 하나님께서 주신 비전을 이룬 사람들도 모두 역경과 환난에 처하게 될 때가 있었다. 그럼에도 쓰러지지 않고 끝까지 인내하며 비전을 향해 전진해서 비전을 성취했다. 어떻게 그것이 가능했는가? 바로 확신 때문이다. 확신은 어떤 상황에서도 비전을 이루는 삶의 과정에서 흔들리지 않도록 그를 붙잡아 주었다.

비전을 이루는 삶에 확신이 매우 중요함에도 불구하고 확신은 쉽게 우리의 마음속에 생기지 않는다. 우리는 확신을 갖기 위해 노력해야 한다. 어느 누구에게도 비전을 이룰 수 있는 환경이 보장되어 있지 못하다. 때로는 비전을 이룰 수 없을 것 같은 절망적인 상황에 처하기도 한다. 때로 자신이 그 비전을 꼭 이루어야 하는지 의문이 들 때도 있다. 비전에 대한 확신이 없다면 모두 중도에 포기하게 된다.

우리의 마음속에 비전에 대한 확신을 갖기 위해서 어떻게 해야 하는가? 한 마디로 주님과 교제하는 시간을 많이 확보해야 한다. 하나님께서 주신 비전을 갖게 되었다면 그것을 이룰 수 있도록 하나님께서 능력을 주시고 길을 여실 것이라는 확신을 갖기 위해 늘 기도해야 한다. 스스로를 의지하면 확신은 사라진다. 하나님과 교제하면 하나님께서 우리의 영혼에 부어주시는 확신의 세계로 들어갈 수 있다. 물질로 된 이 세상을 살아가면서 보이지 않는 하나님을 확신하는 것은 그리 쉬운 일이 아니다. 매일 말씀 묵상과 기도를 통해 하나님께 영으로 나아가지 않으면 확신은 금방 사라지고 만다. 하나님과 교제하는 시간을 확보하고 확신을 유지하기에 힘쓰라. 삶 속에서 항상 하나님의 존재를 인식하고 그분의 임재를 체험하라. 그러면 어려운 상황에 닥칠 때에도 강하고 담대한 마음으로 비전을 이루어 갈 수 있을 것이다.

하나님께서는 여호수아에게 말씀하셨다.

> 네 평생에 너를 능히 대적할 자가 없으리니 내가 모세와 함께 있었던 것 같이 너와 함께 있을 것임이라 내가 너를 떠나지 아니하며 버리지 아니하리니 강하고 담대하라 (수 1:5-6a)

이 말씀은 현대를 살아가는 성도들에게 주시는 하나님의 음성이다.

하나님께서는 비전을 성취하기 위해 노력하는 성도들을 도우신다. 우리는 하나님의 도우심을 확신하고 강하고 담대한 마음으로 비전을 이루기 위해 힘써야 한다.

여호수아가 하나님께 '가나안 정복'이라는 비전을 제시받았을 때 실제로 주어진 것은 아무 것도 없었다. 무기도 무장된 군사들도 부족했다. 하지만 여호수아는 비전의 길로 나아갔다. 그것이 바로 확신의 힘이다. 여호수아는 하나님의 약속을 기억하며 확신을 얻고 미래를 향해 나아갈 수 있었다. 상황을 보고 확신을 가진 것이 아니다. 상황은 늘 우리를 흔들어 놓는다. 담대한 믿음과 확신은 하나님과의 친밀한 교제 가운데 나타난다는 것을 다시 한번 강조한다.

부모님과 친밀한 교제가 없으면 위기의 상황에 닥쳤을 때 부모님의 사랑과 도움을 믿지 못하고 홀로 고민하며 방황하게 된다. 마찬가지로 하나님을 믿고 살면서도 하나님과 친밀한 교제를 갖지 못하면 우리는 방황하고 흔들릴 수밖에 없다. 확신이 흔들리면 우리의 삶에서 비전 성취의 꿈이 멀어진다. 우리를 흔드는 의심과 두려움에서 벗어나기 위해서 눈앞에 닥친 상황을 넘어서 하나님을 볼 수 있는 믿음이 필요하다. 우리가 이러한 믿음의 확신을 갖게 된다면 비전이 성취되는 놀라운 축복이 있게 될 것이다.

하나님 말씀을 붙잡으라

비전을 성취하려면 하나님의 말씀을 붙잡아야 한다. 이것이 비전 성취를 위한 두 번째 영적 기초이다. 원칙 없이 살아가는 사람은 나침반과 지도 없이 항해하는 사람과 같다. 원칙 없이 이리저리 방황하는 사람은 아무리 부지런히 애써도 아무것도 이루어내지 못한다. 하나님께서 주신 비전을 이루는 일에는 분명한 믿음의 원칙이 필요하다.

> 오직 강하고 극히 담대하여 나의 종 모세가 네게 명령한 그 율법을 다 지켜 행하고 우로나 좌로나 치우치지 말라 그리하면 어디로 가든지 형통하리니 이 율법책을 네 입에서 떠나지 말게하며 주야로 그것을 묵상하여 그 안에 기록된 대로 다 지켜 행하라 그리하면 네 길이 평탄하게 될 것이며 네가 형통하리라 (수 1:7-8)

우리가 비전을 이루는 과정에서 꼭 따라야 할 원칙은 바로 하나님의 말씀이다. 우리가 주님을 믿고 얻게 된 비전은 하나님의 말씀대로 추구할 때 성취되는 것이다.

당장의 성공보다 훨씬 중요한 것은 하나님의 말씀이라는 분명한 원칙이다. 원칙이 없으면 우리는 거짓과 유혹에 빠지게 된다. 비전을 이루는 일에 반드시 실패하게 된다. 하나님을 믿는 사람이 하나님의 말씀을 떠나서 비전을 성취할 수 있겠는가? 하나님의 말씀을 떠나면 자기의 생각과 상황에 이끌려 잘못된 길로 가게 될 것이다. 우리는 어쩔 수 없는 죄인이다. 말씀이 없이는 죄의 길에서 벗어날 수 없다. 우리는 하나님께서 여호수아에게 말씀하신 '모세가 네게 명한 율법을 다 지켜 행하고 좌로나 우로나 치우치지 말라'는 명령에 귀 기울여야 한다. 하나님의 말씀을 붙잡아 끝까지 의지해야 한다.

이 시대는 성공을 위해 편법과 수단이 난무하는 시대이다. 잠시 잠깐은 그러한 편법과 수단이 승리하는 것처럼 보일 수도 있다. 하지만 하나님의 말씀이라는 원칙대로 행동하지 않으면 세상을 주관하는 하나님께서 우리가 비전을 성취하는 축복의 길로 가는 것을 허락하시지 않을 것이다. 하나님의 말씀을 항상 묵상하여 그 원칙을 우리의 삶에 절대적인 기준으로 삼으라. '그 가운데 기록한대로 다 지켜 행하면 네 길이 평탄하게 될 것이라 네가 형통하리라'는 말씀이 우리의 삶에 이루어질 것이다. 이것이 하나님의 약속이다. 하나님의 말씀을 지키는 성도와 교회의 비전이 성취되는 것이다. 이것을 분명히 믿고 하나님의 말씀에 따라 자신의 삶의 원칙을 세워 나가라. 그럴 때 우리의 비전은 성취가 보장된다.

비전을 발견하고 성취하는 위대한 삶은 태어날 때부터 자동으로 보장되는 것이 아니다. 하나님께서 우리의 인생에 계획하신 비전을 발견하기 위해 힘쓰라. 하나님께서 주신 비전을 이루기 위해 기도 가운데 확신을 구하라. 하나님의 말씀을 삶의 원칙으로 삼아 흔들리지 말고 살아가라. 위대한 인생은 우리에게 이미 시작되었다.

02
자신만의 비전을 발견하라

비전은 발견해야 한다

사람들은 자신의 종교에 상관없이 비전이라는 단어를 좋아한다. 비전이라는 단어는 이 시대에 매우 인기있는 단어가 되었다. 그 이유는 비전이 미래를 찬란하게 밝혀줄 것이라는 기대 때문이다. 조금이라도 자신의 미래를 생각하는 사람들은 모두 자신의 비전을 발견하고 싶어 한다. 하지만 자신의 비전을 발견했다고 자신 있게 말 하는 사람은 참으로 찾아보기 어렵다.

많은 사람들이 자신의 비전을 발견하는 방법에 대해 묻는다. 신앙인들은 비전을 찾기 위해 기도원에 가거나 특별 집회에 참석하기도 한다.

종교에 상관없이 점이나 사주를 보기도 한다. 비전을 찾으려는 노력은 인정할만하다. 하지만 그런 방식으로 비전을 발견할 수는 없다.

비전은 세상과 각 사람을 창조하신 하나님께서 우리 인생에 대해 가지고 계신 계획이다. 비전은 우리가 꿈꾸는 황금빛 미래가 아니다. 스스로 원하는 직업도 성공을 향한 야망도 아니다. 비전은 우리를 만드신 하나님께서만 주실 수 있다. 물론 하나님 없이 자신의 미래를 탄탄하게 세워가는 사람들도 많이 있다. 하지만 우리가 보기에 결과가 그럴듯하다고 해서 그들의 인생 계획을 멋진 비전이라 부를 수 없다.

하나님께서는 특별한 계획을 두고 우리를 창조하신다. 어느 누구도 예외가 아니다. 이런 면에서 우리 모두는 하나님의 계획대로 살아갈 수 있는 동등한 기회를 가지고 있다. 우리 모두에게는 하나님께서 인생에 대해 가지고 계신 계획, 즉 비전이 있는 것이다.

문제는 비전이 숨겨져 있다는 것이다. 비전은 하나님께서 보여주셔야 하는 것이며 동시에 우리가 찾아야 하는 것이다. 하나님을 신뢰하는 성도라면 자신의 비전을 찾아야 한다. 그리고 그것에 순종해야 한다. 그 비전이 우리의 마음에 들 수도 있고 들지 않을 수도 있다. 그 비전이 우리 스스로 인생에 대해서 계획한 것과 일치할 수도 있고 아닐 수도 있다. 하지만 순종해야 한다. 하나님께서 우리보다 우리 자신을 더 잘 아시기 때문이다. 비전을 발견하여 성취하는 것은 우리가 아름다운 인생을 살 수 있는 유일한 길이다.

비전은 어떻게 발견하는가

.

그렇다면 우리는 어떻게 비전을 발견할 수 있는가? 한 가지 확실한 것은 비전이 한 순간에 주어지는 것이 아니라는 사실이다. 우리는 비전이 어느 순간에 갑자기 주어지는 것이라고 착각하고 있다. 하지만 성경에 나오는 어느 인물도 어렸을 때 자신의 미래를 다 알고 비전을 확신하며 살아가지 않았다. 요셉, 모세, 여호수아, 다윗, 다니엘, 베드로, 바울 어느 누구도 어렸을 때부터 자신의 비전을 확신하고 살아간 사람들이 아니다. 심지어 바울은 하나님께서 계획하신 비전과 완전히 다르게 살아갔다. 요셉은 비전을 꿈꿀 나이에 먼 나라로 팔려갔으며, 다니엘은 나라를 잃고 실의에 빠지기도 했다. 베드로는 예수님을 만나기 전까지 고기를 잡는 일상에 바빴다.

그러면 어떻게 위에 열거한 인물들이 하나님께서 주신 비전을 성취하는 아름다운 인생을 살게 되었는가? 그들의 오랜 신앙의 여정을 추적해 보면 알 수 있다. 그들은 하나님을 알고 살았지만 어렸을 때부터 하나님께서 주신 비전을 정확히 깨닫고 살지 못했다. 하지만 그들은 하나님을 알게 된 후에 하나님과 꾸준히 교제하며 하나님의 인도하심을 받았던 사람들이다. 어떤 상황에서도 하나님을 신뢰하면서 순종했던 사람들이었다. 때로는 왜 하나님께서 자신들을 예상할 수 없는 상황으로 몰아가시는지 잘 알 수 없었지만 그들은 순종했다. 그런 과정에서 그들의 비전은 구체화되어갔다.

그들의 인생에 구체적인 비전이 주어진 것은 인생의 후반부였던 경우가 많았다. 적어도 바울을 제외한다면 성경의 인물들에게 있어 비전은 인생 전체에 걸쳐 서서히 윤곽이 잡혀 나갔다고 말하는 것이 옳을 것이다. 하나님께서는 그들의 인생을 계획하고 계셨지만 정작 당사자들은 자신의 비전을 온전히 깨닫는데 매우 오랜 시간이 걸렸다. 그럼에도 불구하고 어렸을 때 이미 자신의 비전이 다 정해져야 한다고 믿는 사람들은 참으로 어리석은 사람들이다. 이미 나이가 들었는데 무슨 비전을 찾겠느냐고 포기하는 사람들도 잘못된 생각을 가지고 있는 것이다. 비전을 발견했던 사람들은 평생을 하나님의 인도하심에 따라 결단하며 순종하며 살았다는 것에 주목할 필요가 있다. 비전은 그러한 삶의 결과로 그들에게 자연스럽게 주어진 것이다.

우리의 인생 전체는 하나님께서 주신 비전을 따르려고 끊임없이 애쓰는 과정이어야 한다. 어떤 사람은 조금 일찍 비전을 발견할 수 있으며, 어떤 사람은 늦은 나이에 비전을 발견할 수도 있다. 중요한 것은 우리가 비전을 찾고 성취하기 위해 항상 주님 앞에 나아가느냐 하는 점이다.

여호수아는 가나안 정복을 자신의 비전으로 품고 성취하며 살았던 멋있는 사람이다. 그는 모든 성도들의 귀감이 된다. 그의 리더십을 연구하는 사람들도 많이 있고 그의 비전에 관심을 갖는 사람들도 많이 있다. 물론 구약 39권 중 한 권인 여호수아가 여호수아라는 사람의 개인적인 비전 성취를 기록하기 위한 책은 아니다. 여호수아라는 책은 하나님의 구속 역사의 완성과정을 기록한 책이다. 하지만 여호수아는 하나님께서 자신의 구속 역사를 완성해 가는 과정에서 중요하게 쓰시려는 계획을 가지고 창조한 인물이다. 여호수아는 그 하나님의 계획, 즉 비전을 따라 살아간 사람이다. 따라서 여호수아라는 책을 통해 여호수아가 비전을 발견하고 성취한 과정을 주목해 보는 것은 현대를 살아가는 우리 각자가 비전을 발견하고 성취하는 인생을 살아가기 위한 매우 중요한 과정이 될 수 있다. 여호수아의 최종적인 비전이 가나안 정복이었다는 것을 전제로 하여 그가 그 비전을 어떻게 발견하였는지 살펴보도록 하자.

재능을 발견하고 개발하라

사람은 누구나 타고난 재능이 있다. 명석한 두뇌, 언어적 재능, 수학적 재능, 과학적 창의성, 예술적 재능, 스포츠 분야의 재능 등 사람들은 열거할 수 없을 만큼 다양한 자신만의 강점들을 가지고 태어난다. 어린 시절은 바로 그 재능을 개발하기에 좋은 시기이다. 물론 나이가 들어서도 비전을 위해 재능을 개발하는 일은 계속될 수 있다.

비전은 이 재능들을 개발하는 과정에서 조금씩 구체화되는 경우가 많다. 하나님께서는 자신이 만드신 사람을 재능과 무관하게 사용하시지 않기 때문이다. 물론 어렸을 때 재능을 개발하지 않았더라도 우리는 평생에 걸쳐 자신의 재능을 개발해야 한다. 어렸을 때부터 개발되는 재능도 있지만 뒤늦게 발견되는 다양한 분야의 재능도 많기 때문이다.

구약 성경에서 여호수아라는 인물은 이스라엘 백성이 모세의 지도하에 출애굽하여 아말렉과 전쟁할 때 처음 등장한다. 모세는 여호수아에게 아말렉과의 전쟁에 직접 나가 싸울 것을 명한다.

> 모세가 여호수아에게 이르되 우리를 위하여 사람들을 택하여 나가서 아말렉과 싸우라 내일 내가 하나님의 지팡이를 손에 잡고 산 꼭대기에 서리라 (출 17:9)

여호수아는 어렸을 때부터 용맹하고 싸움에 능했던 사람임에 틀림없다. 모세를 비롯하여 여호수아의 주변 사람들은 그의 힘과 용맹함을 인정했다. 이것은 여호수아의 최대 장점이었다. 젊은 여호수아는 지도자 모세에게 충성하면서 자신의 재능을 개발해 나갔다. 모세가 여호수아에게 아말렉과의 전쟁을 감당하게 했던 것은 바로 그의 재능을 보았기 때문이다.

몇 년 후 여호수아는 이스라엘 백성들이 가데스바네아라는 곳에서 가나안 땅을 정복하기 위한 자료를 수집해서 돌아오도록 열두 정탐꾼들을 파송할 때 자신의 지파를 대표해 정탐꾼으로 선발되었다. 이는 여호수아가 전쟁에 능하고 지략이 있던 사람으로 인정받고 있었음을 잘 보여주고 있다. 여호수아는 이러한 과정을 통해 점점 자신에게 주어진 재능을 발견하고 개발해 갈 수 있었다.

그렇게 하나님을 믿는 믿음 안에서 재능을 개발하던 여호수아에게 결국 가나안 정복을 책임지는 지도자의 비전이 주어진 것이다.

> 내 종 모세가 죽었으니 이제 너는 이 모든 백성과 더불어 일어나 이 요단을 건너 내가 그들 곧 이스라엘 자손에게 주는 그 땅으로 가라 (수 1:2)

여호수아는 두렵고 떨리는 마음이었지만 이 비전이 자신이 감당해야 하는 것임을 영적으로 확신했다.

그의 재능은 그가 가나안 정복을 위해 전쟁을 준비하는 과정에서 그대로 드러났다. 그는 좋은 전략을 가지고 다수인 가나안 군사들을 무찌르게 된다. 이렇게 여호수아는 자신의 재능을 통해 하나님께서 가나안 정복이라는 비전을 자신에게 주셨음을 확신할 수 있게 되었다.

비전을 확신하게 되는 과정은 어느 한 순간에 이루어지는 것이 아니다. 일생에 걸쳐 믿음으로 순종하며 하나님께서 주신 재능을 개발하는 사람에게 비전은 하나의 결과물로 자연스럽게 주어지는 것이다. 먼저 자신의 재능을 개발하라. 열심을 다하여 자신에게 주신 재능을 극대화하라. 주변 사람들의 평가에 귀를 기울이라. 재능이라고 생각되는 것을 개발하는 일에 최선을 다하라. 하나님께서 당신의 비전을 구체화시키실 것이다.

현대 선교의 아버지라고 불리우는 윌리엄 캐리 선교사가 있다. 그는 영국에서 구두 수선공으로 생계를 유지하던 사람이었다. 하지만 그는 자신의 작업장에 세계 지도를 펼쳐 놓고 시간이 있을 때마다 세계를 품고 기도했다. 특히 그는 언어에 재능이 많았다. 그는 시간이 될 때마다 언어를 공부하며 가르쳤다. 그는 끊임없이 자신의 언어적 재능을 개발했다. 그는 인도에서 필요한 여러 언어들을 공부했다. 그 결과 그는 인도 선교사로 파송되어 현대 선교의 아버지라는 칭호를 얻게 되었다.

하나님의 인도하심을 따르라

비전을 발견하는 과정에서 재능을 발견하는 일은 매우 중요하다. 하지만 재능을 개발했다고 해서 모두 비전을 발견할 수 있는 것은 아니다. 우리 주위에는 좋은 재능을 가지고도 비전을 발견하지 못하고 악하고 헛된 일에 재능을 소모해버리는 사람들이 많이 있다. 다시 한 번 강조하지만 비전은 하나님께서 주신다. 따라서 비전을 발견하기 위해서 하나님의 인도하심을 따라가는 것이 필수적이다.

여호수아는 전쟁과 지략에 능했던 사람이었다. 하지만 어렸을 때의 여호수아는 애굽에서 종살이하던 이스라엘 민족에 소속된 이름 모를 소년에 불과했다. 그가 하나님의 인도하심을 믿고 따라가는 믿음이 없었다면 십중팔구 문제아가 되었을 것이다. 현실이 그에게 냉혹했기 때문이다.

그는 젊었을 때 위대한 지도자 모세에 의해 새로운 경험을 하게 된다. 그는 출애굽의 역사를 보면서 하나님의 놀라운 능력을 체험했다. 자신 안에 잠재되어 있던 전쟁의 기술을 통해 아말렉과 싸워 승리하게 된다. 여호수아는 얼마 지나지 않아 이스라엘을 대표하는 정탐꾼으로 가나안 땅을 밟게 된다. 그가 본 가나안 땅은 정말 좋은 곳이었다. 현대인의 시각으로 보면 가나안 땅은 그렇게 비옥한 땅이 아니다. 하지만 애굽에서 종으로 살다가 광야의 혹독한 삶의 조건 속에 던져졌던 그에게는 가나안이 천국과 같았을 것이다. 그는 하루 빨리 가나안 땅에 들어가고 싶었다. 하나님께서 그렇게 해 주실 것을 온전히 믿었다. 그는 진정으로 하나님의 인도하심을 따라 순종했다. 가나안 땅을 정탐한 이후에도 그의 믿음은 변하지 않았다. 대부분의 이스라엘 사람들은 자신들이 가나안 땅에 들어가지 못할 것이라고 생각했다. 하지만 여호수아 만큼은 상황에 흔들리지 않았다.

하지만 그는 다른 정탐꾼들의 의견에 밀려 가나안 정복을 시도하지도 못한 채 거의 40년이라는 시간을 광야에서 방랑자로 살았다. 그의 인생의 황금기는 광야에서 다 지나갔다. 그에게 현실은 너무나 냉혹했다. 하나님의 인도하심은 어디에 있는가? 그에게는 절망적인 생각이 엄습했다. 하지만 그는 좌절하지 않았다. 그는 또 다시 하나님의 인도하심을 따라 갔다. 그는 끝까지 믿음을 가지고 하나님과 지도자 모세에게 충성을 다했다. 그는 결국 가나안 정복이라는 사명을 비전으로 받는 축복을 누리게 되었다.

하나님의 인도하심을 따르는 사람은 결국 비전을 발견하여 성취하는 축복을 누리게 된다. 하나님께서는 이같은 사람에게 자신의 계획을 맡기시기 때문이다. 이 세상에 재능이 있는 사람은 많지만 열정적으로 재능을 개발하는 사람은 드물며, 재능을 개발했지만 하나님의 인도하심에 따라 비전을 발견하는 사람은 참으로 적다. 하나님의 인도하심에 따라 늘 순종하라. 하나님의 인도하심에 순종하기 위해 늘 말씀을 묵상하고 기도하는 일에 힘쓰라. 비전은 우연히 발견되지 않는다. 자기 나름대로 자기 개발에 힘쓴다고 무조건 찾을 수 있는 것이 아니다. 하나님의 인도하심에 따라 모든 시련과 혹독한 광야의 고통이 지나가면 비전을 발견하고 성취하는 아름다운 시절이 찾아올 것이다.

윌리엄 캐리 선교사의 이야기를 좀 더 해보자. 그는 오랜 준비 끝에 드디어 의사 한 명과 함께 인도 선교를 가게 되었다. 하지만 그 의사는 선교비를 횡령하고 도망쳤다. 그는 두 아들을 잃는 슬픔까지 겪게 되었다. 그래도 그는 굴하지 않고 하나님의 인도하심을 구했다. 하지만 아내의 우울증은 또 한 번 그의 발목을 잡았다. 캐리는 모든 것을 이기고 하나님의 인도하심을 따라 인도로 향했다. 인도에서 그는 7년 만에 첫 번째로 현지인에게 세례를 베풀었다. 후에 그는 인도의 24개 토착언어로 성경을 번역하여 인도 선교의 기초를 다졌다. 그는 그렇게 인도 선교의 아버지가 되었다. 하나님의 인도하심을 따라 모든 시련을 이겨내면 비전이 우리 앞에 나타난다.

시대적 요청에 귀를 기울이라

사람은 모두 자신만의 독특한 시대적 상황 속에서 살아간다. 똑같은 재능을 가진 두 명의 한국 사람이 각각 일제강점기와 군사 독재 시대에 태어났다면 서로 다른 시대적 상황 속에서 다른 시대적 요청을 받을 것이다. 즉 해야 할 일이 서로 다른 것이다.

하나님께서는 우리 모두가 각자의 나라와 민족과 시대적 상황 속에서 서로 다른 시대적 요청을 받게 하신다. 이 시대적 요청이 바로 우리의 비전을 결정하는 중요한 요소가 된다. 하나님께서는 아모스 선지자에게 사회적 불의를 비판하게 하셨고, 요나 선지자에게는 앗수르에 하나님의 심판을 전하게 하셨다. 이사야 선지자에게는 히스기야를 도와 나라를 구원하게 하셨고, 예레미야 선지자에게는 이스라엘의 멸망을 선포하게 하셨다. 우리는 하나님께서 살게 하신 시대의 요청에 귀를 기울이며 우리의 비전을 확신할 수 있게 된다.

여호수아가 가나안 정복이라는 비전을 확신하게 된 것은 '모세가 죽은 후'이다. 위대한 여호와의 종 모세가 죽는다는 것은 당시 이스라엘 백성들에게 상상할 수 없는 일이었다. 사람들은 모세가 더 오랫동안 지도자로 남을 수 있을 것이라 생각했다.

> 모세가 죽을 때 나이 백이십 세였으나 그의 눈이 흐리지 아니하였고 기력이 쇠하지 아니하였더라 (신 34:7)

이스라엘 백성들은 그가 충분히 더 오래 지도자로 일할 수 있다고 생각했던 것이다. 그들은 모세를 잊지 못하고 그를 위하여 30일이나 애곡했다. 하지만 모세는 죽었다.

이제 새로운 시대가 시작되었다. 이스라엘 백성들에게 가나안 정복이라는 위대한 사명이 남아 있었으나 이제 그 사명을 성취할 지도자가 없었다. 바로 그때 하나님께서 여호수아를 부르셨다.

> 여호와의 종 모세가 죽은 후에 여호와께서 모세의 수종자 눈의 아들 여호수아에게 말씀하여 이르시되 (수 1:1)

여호수아는 그 시대적 요청을 받아들였다. 여호수아는 새로운 시대를 여신 하나님의 부르심에 따라 자신의 비전을 발견하게 된 것이다.

여호수아에게 있어 가나안 정복이라는 비전은 거의 평생에 걸쳐 발견되고 성취되었다. 그 과정은 재능을 개발하는 수많은 시간들과 하나님의 인도하심에 따라 기도하며 순종했던 시간들로 채워져 있었다. 그러한 긴 시간 끝에 새로운 시대적 요청이 도래하였고 여호수아의 비전은 온전히 그 모습을 드러냈던 것이다. 여호수아의 인생은 비전을 발견하고 성취하는 인생이었다. 비전을 발견하고 성취하는 과정은 거의 평생에 걸쳐서 계속되었다. 우리 모두에게 이런 수고의 과정이 있다면 비전을 성취하는 아름다운 삶은 보장될 것이다. 하나님께서는 우리 모두에게 재능을 주시고, 비전의 길로 인도하시며, 새로운 시대적 요청을 통해 비전을 보여주실 것이기 때문이다. 하나님께서 각자의 인생에 가지고 계신 비전을 발견하기 위해 자신의 모든 것을 걸라. 비전은 우리의 목숨보다 가치 있는 것임을 명심하라.

제 2 부

비전성취를
위한 준비

THE

KINGDOM-VISION
MAKES YOUR
LIFE GREAT

03

비전을 확장하라

비전은 가장 아름다운 선물이다

앞서 우리는 크리스천의 가장 큰 축복이 하나님께서 우리의 인생에 계획하신 비전을 발견하는 것이라는 점을 확인했다. 여호수아처럼 이 시대에도 예수님을 만난 사람은 인생을 살아가면서 이루어야 할 비전을 발견하게 되는 축복을 누린다. 그 비전을 통해 비로소 우리의 인생은 의미와 가치를 갖게 된다. 그것을 통해 우리는 살아야 할 이유를 발견할 수 있다. 비전은 탐욕을 추구하는 우리의 불행한 삶을 위대한 인생으로 바꾸어주는 하나님의 가장 아름다운 선물이다.

예수님은 평범한 어부였던 베드로와 안드레 형제를 갈릴리 해변에서 부르셨다. 예수님은 간단한 말씀으로 그들에게 비전을 제시했다.

나를 따라오라 내가 너희를 사람을 낚는 어부가 되게 하리라 (마 4:19)

그들은 오랜 과정을 통해 '사람을 낚는 어부'의 삶을 살아가게 되었다. 얼마나 위대하고 가치 있는 삶으로 변화되었는가? 베드로가 유대인들에게 설교할 때 사람들은 그를 보고 놀라움을 금치 못했다. 어부 베드로에게 상상할 수 없는 모습이 사도 베드로에게 있었기 때문이다.

그들이 베드로와 요한이 담대하게 말함을 보고 그들을 본래 학문 없는 범인으로 알았다가 이상히 여기며 또 전에 예수와 함께 있던 줄도 알고 (행 4:13)

비전은 인생을 변화시키는 정말 아름다운 선물이다.

비전을 위해 노력하라

하지만 비전은 쉽게 성취되지 않는다. 어떤 예언이나 부적이 효과를 발휘해서 자동으로 이루어지는 것도 아니다. 막연히 이루어질 것이라는 기대를 한다고 해서 성취되는 것도 아니다. 아무 노력도 없이 '하나님께서 이루어 주시겠지' 하고 있으면 비전은 절대로 이루어지지 않는다. 성경에 그런 식으로 비전을 이룬 사람은 아무도 없다. 하나님께서는 그가 사랑하시는 모든 성도에게 비전을 주신다. 그 비전을 발견하고 그것을 향해 최선의 노력을 경주하는 사람에게 성취의 길을 열어주신다.

비전은 아직 이루어지지 않은 미래이다. 하지만 하나님께서 주신 비전은 약속을 믿고 따라가는 자에게 반드시 이루어진다. 우리의 인생은 그 비전을 찾아가는 여행이다. 우리가 이미 그 비전을 찾는데 성공하여 스스로 감당할 사명을 발견하게 되었다면, 앞으로의 인생은 그 비전을 이루기 위한 과정이 될 것이다. 비전을 이루기 위해 최선을 다해 노력한다면 하나님께서는 우리를 위해 길을 만드신다.

대부분의 사람들이 자신의 삶에서 비전을 찾아 성취하는 과정을 수행하기보다는 당장의 즐거움과 안락함을 추구하면서 인생을 허비하는 것이 매우 안타깝다. 하나님을 믿는 성도들이 하나님께서 주신 비전을 발견하고 성취하는 인생을 살지 못한다면 가장 큰 낭비인 셈이다. 우리가 꼭 기억할 것은 비전을 성취하는 인생만이 진정한 행복과 만족을 누릴 수 있는 것이라는 사실이다. 당장 눈에 보이는 즐거움과 유익을 좇는다면 아무 행복도 누릴 수 없게 된다. 모두 비전을 위해 노력하라. 비전을 가장 우선순위에 두고 최선을 다하라.

우리가 여호수아에 집중하는 이유는 그가 자신의 인생에 이루어야 할 가치 있는 비전을 발견했기 때문이다. 여호수아에게 주어진 비전은 하나님께서 이스라엘 백성에게 주시기로 약속한 땅이 실제로 이스라엘의 땅이 되도록 정복하는 것이었다. 여호수아의 삶은 아직 이루어지지 않은 미래, 즉 하나님의 약속을 현실로 만드는 것이었다. 여호수아는 비전을 확신했다. 그는 그 비전을 성취하는 과정을 충실히 수행했다. 비전을 성취하는 과정에서 가장 우선적인 것은 비전을 확장하는 것이다. 우리는 여호수아가 하나님께 약속받은 땅을 정복하는 자신의 비전을 어떻게 확장해 나가는지, 비전을 확장해 나가는 데 필요한 것은 무엇인지 살펴보게 될 것이다.

비전을 향해 스스로 결단하라

여호수아가 하나님께 받은 인생의 비전은 구체적이고 명확했다. 여호수아는 매우 오랜 시간에 걸쳐 이 비전을 확신하게 되었다. 그는 지도자 모세가 죽은 후 자기 민족을 위해 하나님께서 약속한 땅을 정복해야 하는 사명을 자신이 담당해야 한다는 것을 알게 되었다.

그의 비전은 구체화되었다. 무엇을 해야 할 것인지도 명료해졌다. 하지만 비전이 명료해져 갈수록 그것을 성취하는 일이 매우 어려운 것이라는 사실 또한 분명해졌다. 여호수아가 맞서 싸워야 할 백성들은 강한 백성들이었다. 그들에 비하면 이스라엘 백성들은 잘 준비된 군대가 아니었다. 그들은 광야 생활에 지쳤다. 강력한 무기도 없었다. 하나님께서 여호수아에게 강하고 담대할 것을 반복적으로 명령하신 것은 그만큼 가나안 땅을 정복하는 비전이 이루기 쉽지 않은 것이며 많은 어려움을 수반하게 될 것이기 때문이었다.

비전을 이루기 위해 이렇게 어려운 현실적인 과정을 앞에 둔 여호수아에게 필요한 것은 스스로 비전에 대해 결단하는 것이었다. 여호수아가 주저하지 않고 비전을 이루는 데 최선을 다하기로 결단했다. 이러한 결단력은 여호수아가 하나님과 교제하며 보낸 많은 신앙의 훈련 가운데 형성된 것이었다.

여호수아는 하나님께 사명을 받은 후에 어떠한 주저함도 보이지 않았다. 그는 바로 백성들에게 나아가서 전쟁을 위하여 필요한 것들을 준비하도록 지시했다.

> 이에 여호수아가 그 백성의 관리들에게 명령하여 이르되 진중에 두루 다니며 그 백성에게 명령하여 이르기를 양식을 준비하라 사흘 안에 너희가 이 요단을 건너 너희의 하나님 여호와께서 너희에게 주사 차지하게 하시는 땅을 차지하기 위하여 들어갈 것임이니라 하라 (수 1:10~11)

여호수아는 많은 희생을 감수해야 할지도 모르는 상황을 앞두고 있었지만 스스로 결단하고 실천에 들어갔다. 여호수아는 백성들에게 '삼일 안에... 땅을 얻기 위하여 들어갈 것'이라고 선포했다. 여호수아에게는 결코 주저함이 없었다. 여호수아는 분명히 이루어야 할 하나님의 비전이자 자신의 사명을 받았을 때 두려움 없이 바로 결단하고 필요한 것들을 준비했던 것이다. 비전을 향해 스스로 결단하라. 비전 성취를 위한 준비는 바로 거기서부터 시작되는 것이다.

만약 여호수아가 우유부단한 태도로 고민에 빠졌다면 이 놀라운 비전은 결코 이루어지지 않았을 것이다. 우리들이 하나님 앞에서 구체적인 비전을 발견하고도 그 비전을 이루는 데 실패하게 되는 것은 결단하기를 주저하기 때문이다.

앤서니 라빈스의 책 〈네 안에 잠든 거인을 깨워라〉에 보면 사람들이 현실에 만족하지 못하면서도 하루하루를 결단하지 않고 보내는 이유를 세 가지로 들고 있다.

첫째는 결단이 가져올 결과를 두려워하기 때문이다. 사람들은 결단이 가져올 유익에 대한 소망보다도 잃어버릴 것에 대한 두려움을 더 크게 느낀다. 결단 이후에 혹시 잃게 될 지도 모르는 것에 대한 두려움 때문에 현실을 유지하려고 하는 것이다. 이스라엘 사람들이 광야에서 40년을 헤매며 시간을 보냈던 것도 가나안 땅을 얻게 될 소망보다도 그 과정에서 겪게 될 어려움들을 두려워했기 때문이다.

둘째는 아직 충분히 고통 받지 않았기 때문이다. 현실이 그럭저럭 살 만하기 때문에 결단하지 않는 것이다. 사람들은 보통 고통의 한계점에 도달하기까지는 쉽게 결단하려 하지 않는다는 것이다. 우리는 비전을 이루는 삶이 아니면 인생 자체가 의미 없이 끝난다는 것을 명심하고 그럭저럭 살만한 현실에 있더라도 하나님의 비전을 향해 스스로 결단해야 한다. 그렇지 않으면 너무 많은 시간이 지나 기회를 얻지 못하게 될 수도 있다.

셋째는 결단을 내리는 것이 무엇인지 정확히 모르기 때문이다. 결단이라는 것은 가장 중요한 것을 선택하고 거기에 집중하기 위해 다른 선택의 가능성을 잘라 버리는 것이다. 결단은 모든 것을 취하는 것이 아니고 취할 것과 버릴 것을 분명히 선택하는 것이다. 중요한 것은 결단이 행동이라는 사실이다. 행동이 없이 그저 머리로 생각만 하는 것은 결단이 아니다. 비전을 이루기 위해 다른 일들은 버리고 집중해야 한다. 아무것도 포기하지 않으려는 태도, 안락함과 편안함을 추구하는 태도로는 결단에 도달하지 못한다.

우리는 비전을 이루는 과정에 있게 될 수고와 헌신을 두려워하지 말아야 한다. 고통의 한계점에 이를 때까지 그저 그렇게 현실을 이어가지 않아야 한다. 우리는 빨리 행동이 수반된 분명한 결단을 해야 한다. 비전이 분명하다면 그것을 위한 희생을 감수해야 한다. 사실 비전을 위한 희생을 감수하지 않더라도 우리의 인생은 수고와 고생으로 가득하다는 것을 기억하라. 그럭저럭 현실을 이어가는 것은 의미가 없다.

여호수아는 그동안 자기 동족들이 주저하면서 40년을 미뤄왔던 일에 착수하고 있다. 사실 가나안 땅을 정복하는 일은 40년 전에 시작되었어야 하는 일이었다. 이제 현실적으로 예상되는 어려움에도 불구하고 여호수아는 백성들에게 '삼일 안에 그 땅에 들어갈 것'이라고 분명히 말한다. 왜냐하면 그것이 하나님께서 이루실 비전이었 기 때문이다. 하나님의 말씀대로 즉각적인 결단의 행동을 보이는 여호수아의 리더십은 사람들을 감동시키기에 충분했다. 우리의 삶에서 비전을 이루려 한다면 여호수아와 같이 비전에 대하여 스스로 결단해야 한다.

비전을 확장하라

하나님께서 우리에게 주시는 비전은 혼자 이룰 수 있는 것이 아니다. 하나님께서 주신 비전은 개인의 성공이 아니기 때문이다. 하나님의 비전은 나와 이웃과 세상 모두를 유익하게 하는 일이기 때문에 전달되어 확장되어야 한다. 이 사실은 매우 중요하다. 위대한 비전은 많은 사람들의 도움과 협력을 필요로 한다.

여호수아가 하나님께 받은 비전을 이루는 것도 마찬가지였다. 가나안 땅을 정복하는 일이 지도자였던 여호수아가 홀로 할 수 있는 일이었는가? 그저 여호수아는 지도자로서의 역할만 행할 수 있었다. 여호수아가 땅을 정복하기 위해 준비하고 수고하는 가운데 그 일에 수많은 재능들을 가진 백성들이 동참하고 협력하였다. 위대한 비전은 함께 이루어내는 것이다.

서로 다른 재능과 성품을 가지고 살아가는 많은 사람들과 더불어 하나님께서 주신 비전을 이루기 위해서는 그들에게 비전의 내용을 구체적으로 전달하고 확장하는 일이 필요하다. 여호수아는 하나님께 분명한 비전을 받은 이후에 바로 백성의 지도자들을 모았다. 그들에게 계획을 구체적으로 전달했다. 여호수아는 이어서 모든 과정을 전해들은 지도자들로 하여금 그 모든 계획을 다른 백성들에게도 전달하는 책임을 부여했다.

또한 여호수아는 이미 요단강 동편의 땅을 분배받은 르우벤, 갓, 므낫세 반 지파에게도 하나님께서 주신 비전을 설명하였고 그것을 이루는 일에 함께 동참할 것을 촉구하였다.

여호수아가 또 르우벤 지파와 갓 지파와 므낫세 반 지파에게 말하여 이르되 여호와의 종 모세가 너희에게 명령하여 이르기를 너희의 하나님 여호와께서 너희에게 안식을 주시며 이 땅을 너희에게 주시리라 하였나니 너희는 그 말을 기억하라 너희의 처자와 가축은 모세가 너희에게 준 요단 이쪽 땅에 머무르려니와 너희 모든 용사들은 무장하고 너희의 형제보다 앞서 건너가서 그들을 돕되 여호와께서 너희를 안식하게 하신 것 같이 너희의 형제도 안식하며 그들도 너희의 하나님 여호와께서 주시는 그 땅을 차지하기까지 하라 그리고 너희는 너희 소유지 곧 여호와의 종 모세가 너희에게 준 요단 이쪽 해 돋는 곳으로 돌아와서 그것을 차지할지니라 (수 1:12-15)

이렇게 함으로써 하나님께서 여호수아에게 주셨던 비전은 모든 사람들에게 전달되고 확장될 수 있었다.

이렇게 하나님께 받은 비전을 다른 사람들에게 전달하는 일은 비전의 성취를 위해 꼭 필요한 준비과정이다. 하나님께서 주신 비전을 주위에 전하는 것은 매우 중요하다. 주위의 동역자들과 비전을 공유하지 않으면 비전이 성취되기 어렵기 때문이다.

비전을 소유한 사람은 모두와 비전에 대한 확신을 공유해야 한다. 우리는 비전이 야망에서 비롯된 것이 아니라 하나님께서 주신 것임을 증거해야 한다.

여호수아는 하나님께로부터 가나안 땅을 정복할 것을 지시받았다. 그 땅은 모든 이스라엘 민족의 비전인 약속의 땅, 즉 '하나님께서 주실 땅'이다. 가나안 땅은 여호수아 개인의 야망이 아니다. 그 땅은 '너희의 하나님 여호와께서 너희에게 주사 차지하게 하시는 땅'이다. 여호수아는 이렇게 자신이 힘써 이루려는 비전이 하나님께서 주신 것임을 분명히 백성들에게 증거하고 있다. 이 비전의 선포는 모든 백성들을 하나의 비전에 집중하게 하였다. 또한 그 비전이 하나님과 자신들을 위해 꼭 이루어져야 하는 것임을 확신하게 만들었다.

이렇게 공유된 비전은 더 이상 여호수아 자신만의 비전이 아니었다. 이것은 모든 백성들의 비전이 되었다. 하나님께서 주신 비전은 자신과 주위의 모든 사람들을 풍요롭게 한다. 따라서 그 비전을 이루는 일에 헌신하는 사람은 지도자이건 조력자이건 모두 하나님께서 주시는 만족과 기쁨을 누린다.

하나님께서 주신 비전이 모두에게 공유되면 공동체가 비전을 향하여 하나가 된다. 여호수아에게 주어진 비전을 전달받은 백성들은 한 마음 한 뜻이 되어 하나님께서 주신 목표를 이루는 동역자가 되었다.

> 그들이 여호수아에게 대답하여 이르되 당신이 우리에게 명령하신 것은 우리가 다 행할 것이요 당신이 우리를 보내시는 곳에는 우리가 가리이다 우리는 범사에 모세에게 순종한 것 같이 당신에게 순종하려니와 오직 당신의 하나님 여호와께서 모세와 함께 계시던 것 같이 당신과 함께 계시기를 원하나이다 누구든지 당신의 명령을 거역하며 당신의 말씀을 순종하지 아니하는 자는 죽임을 당하리니 오직 강하고 담대하소서 (수 1:16-18)

백성들의 마음은 결단에 가득 찼다. 그들은 더 이상 광야를 방황하는 백성들이 아니었다. 여호수아에게 주신 하나님의 비전이 공유됨으로써 그들의 마음이 변화되었던 것이다. 하나님께서 주신 '강하고 담대하라'는 명령과 확신은 이제 모든 사람들의 것이 되었다.

비전은 확장되지 않으면 이미 실패한 것이나 다름없다. 비전을 소유하고 그 비전을 가족들과 친구들과 이웃들과 교회의 동료들과 나누는 것은 비전의 성취에 있어 가장 중요한 과정이다. 하나님과 교제하면서 비전을 확신하라. 분명하고 지혜로운 방법으로 주위에 비전을 확장하라. 그러면 하나님께서 당신에게 주신 비전은 이미 모두의 것이며, 많은 동역자들이 함께 그 비전이 이루어지는 과정에 동참하게 될 것이다.

구체적인 계획을 수립하라

비전은 하나님께서 주시는 것이며 하나님께서 이루시는 것이다. 그러나 그 비전을 이루기 위해 처한 상황 속에서 지혜를 구하며 진행해 가는 것은 사람의 몫이다. 여호수아는 하나님께서 품게 하신 가나안 땅을 얻게 되는 과정에서 모세라는 지도자를 잃어버린 상실의 상황을 극복해야 했으며 광야를 방황하던 백성들과 함께 일해야 했다. 여호수아는 어떻게 비전을 성취해 나가야 할 것인가에 대해 구체적인 계획을 수립해야 했다. 구체적인 계획은 비전의 실현 과정을 더욱 분명하고 가능성 있는 것으로 실제화한다. 나아가 지금 현재 상황 속에서 무엇을 해야 할 것인지 구체적으로 보여준다.

여호수아는 가나안 땅을 정복하기 위해 어떤 구체적인 준비가 있어야 하는지 생각하고 계획을 세웠다. 먼저 여호수아는 광야를 방황하면서 목표를 잃어버린 백성들의 마음을 하나로 모으기 위해 각 지파의 지도자들을 통해 모든 백성들에게 하나님께서 주신 땅을 정복하는 비전을 이루어야 한다는 당위성을 전달했다. 그 후 모든 백성들에게 전쟁에 실제적으로 소요될 물품들을 준비하도록 했다.

가장 중요한 것이 전쟁에 나아가기 위해 양식을 준비하는 일이었다. 광야에서는 양식을 구하는 것이 쉽지 않았기 때문이다. 여호수아는 백성들에게 삼일이라는 구체적인 시간을 주어 신속한 준비를 하게 했다.

요단강 동편 광야에서 서편의 가나안 땅을 정복하려면 우선 요단강을 건너야 했다. 여호수아는 요단강을 건너는 시점을 삼일 후로 지정했다. 그렇게 함으로써 모두가 신속한 준비를 할 수 있도록 독려했던 것이다.

마지막으로 상대적으로 전쟁에 대한 동기가 적은 르우벤 지파, 갓 지파, 므낫세 지파의 절반, 즉 요단 동편을 이미 얻은 두 지파 반이 전쟁을 도와 참여할 것을 설득했다. 여호수아는 지도자로서 진행될 일의 구체적인 규모를 이미 파악하고 계획함으로써 백성들의 구체적인 움직임을 가능하게 하였다. 분명한 비전과 구체적인 계획의 만남은 목표를 이루기 위한 최고의 조합이다.

앤서니 라빈스는 그의 책에서 비전을 이룰 수 있는 가장 중요한 비결은 바로 '시작할 계기를 만드는 것'과 '성취하기 위해서 해야 할 구체적인 단계'를 생각하는 것이라 하였다. 구체적인 계획을 수립하는 것은 비전을 이루기 위한 작은 일부터 시작할 수 있게 해주며, 해야 할 일을 구체적으로 제시함으로 방향을 잃지 않고 비전을 향해 달려갈 수 있도록 우리를 도와준다.

모두 비전을 성취하기 위한 준비를 시작하라. 스스로 비전을 향해 결단하고 널리 비전을 전달하고 확장하라. 비전을 이루기 위한 구체적인 계획을 세우라. 그리고 실천하라. 이것이 바로 비전을 이루어가기 위해 우선적으로 준비해야 할 것들이다.

04
용감하게 결단하라

비전은 인생 역전을 가능하게 한다

인생 역전이라는 말이 유행한 적이 있었다. 바로 로또 복권이 우리 나라에 도입될 때였다. 사람들은 복권의 대박으로 인생이 역전될 수 있다는 기대에 부풀었다. 여전히 이 세상에는 한 방에 인생을 뒤바꿔보려고 복권을 사거나 '묻지마'식의 투자를 하는 사람들이 많다. 무엇인가가 역전되기를 원한다는 것은 현재의 상황이 불만족스럽다는 마음의 표현이다. 하지만 인생이 역전되기를 바라는 마음이 정당한 방법으로 표현되지 못하고 있다.

우리는 이 시점에서 두 가지를 생각해 보아야 한다. 첫째는 인생이 한

방에 역전되는 일, 예컨대 엄청난 복권에 당첨되거나 카지노에서 엄청난 대박이 터지거나 하는 식의 일들이 과연 나에게 일어날 가능성이 어느 정도 되는가 하는 점이다. 그 가능성이 대단히 희박하다면 그것을 기대하면서 살아가는 것은 오히려 다른 방법으로 가능한 인생 역전을 불가능하게 만들 수도 있다.

둘째는 인생을 한 방에 바꿀 수 있다고 기대하는 일이 실제 일어나면 진정으로 우리의 인생이 행복하게 되는가 하는 점이다. 엄청난 액수의 복권 당첨이나 갑작스런 재산의 증가가 나에게 일어난다면 정말 우리의 인생은 우리가 기대한 것과 같이 아름답게 바뀔 수 있는 것인가? 사회학자들의 연구 결과나 미디어에서 조사한 결과에 따르면 갑작스런 복권 당첨이나 불로소득을 얻게 된 사람들의 인생이 바람직한 방향으로 변화되지 않은 경우가 많았다고 한다. 오히려 대부분이 생각지도 않은 비극에 시달리거나 더욱 불행한 삶을 살았다고 한다.

그렇다면 우리는 변화에 대한 아무런 기대 없이 그저 현실에 순응하며 살아가야 하는가? 아무런 비전도 없이 '인생이 다 그런 거지' 하면서 살아가는 것이 좋은 것인가? 그렇지 않다. 워런 위어스비 목사님의 책 제목이 생각난다. '가장 좋은 것은 아직 오지 않았다' 하나님 앞에서 우리는 현재보다 더 나은 인생에 관한 소망을 가져야 한다. 진정으로 새로운 삶을 꿈꾸며 살아가는 것은 매우 중요하다. 하나님께서는 우리에게 비전을 주시고, 그것을 통해 인생의 진정한 변화를 누릴 수 있게 하시기 때문이다.

하나님을 알게 되면 마음에 하나님이 품으신 계획을 갖게 된다. 그것
이 비전이다. 비전이야말로 진정한 인생 역전을 가능하게 한다.

이 세상의 많은 사람들은 어떻게 진정한 인생 역전을 경험할 수 있는
지 알지 못하고 있다. 그저 많은 것을 소유하면 인생이 달라질 것이라고
기대한다. 그래서 더 나은 미래를 위해 돈을 모으는 것에 열심을 내기도
한다. 더 나은 학벌을 소유하려고 학교에 다닌다. 명예와 권력을 얻기
위하여 수단과 방법을 가리지 않는 경우도 있다. 물론 더 많은 것을 소
유하면 조금 더 편안한 삶을 살 수 있다. 그러나 진정한 인생의 변화란
소유의 증가에 따라 오는 것이 아니다. 조금 건전한 사람들은 노력을 통
해, 건전하지 못한 사람들은 대박의 행운을 통해, 혹은 막연하게 종교적
힘을 통해 재앙을 멀리하고 부와 장수를 얻으려 한다. 이 과정에서 대다
수의 사람들은 패배자의 인생이 되고 만다. 사람들이 똑같은 것을 얻으
려 하니 소수의 사람들만이 세상의 부와 명예를 소유하게 된다. 다수의
사람들은 자신들보다 나은 조건의 사람들과 비교하면서 결핍된 삶을 살
게 된다. 중요한 것은 부와 명예를 소유한 소수의 사람들도 진정한 행복
을 경험하지 못한다는 것이다. 인간은 물질적인 조건만 채워진다고 해

서 행복을 느낄 수는 없는 존재이기 때문이다.

결국 우리는 바라는 것을 얻지 못해서 좌절한다. 또한 바라는 것을 얻은 후에 그것이 우리가 진정 원하던 것이 아니라는 것을 깨닫고 좌절한다. 그렇게 사람들은 환호하며 좌절하며 기뻐하며 슬퍼하다가 죽음을 맞이한다. 솔로몬이 말한 대로 이 세상의 모든 것은 다 반복되는 것일 뿐 의미가 없다. 우리는 하나님을 바라보고 진정한 인생 역전이 어떻게 찾아오는 것인지 배워야 한다. 진정한 인생 역전은 하나님을 만나고, 하나님께서 우리 인생에 계획하신 자신만의 특별한 비전을 찾아가는 것이다. 우리는 그러한 예를 라합이라는 여인에게서 찾아볼 수 있다.

라합이라는 기생의 인생 역전

라합은 가나안 땅의 여리고라는 성읍 출신 기생으로 소개된다.

> 눈의 아들 여호수아가 싯딤에서 두 사람을 정탐꾼으로 보내며 이르되 가서 그 땅과 여리고를 엿보라 하매 그들이 가서 라합이라 하는 기생의 집에 들어가 거기서 유숙하더니 (수 2:1)

라합이 기생이었다는 것은 그녀의 인생이 참으로 비극적이었다는 것을 암시한다. 그녀가 우상 숭배를 위한 기생이건 현대적 개념의 기생이

건 그의 인생은 암울했다. 처음부터 소망해서 기생이 되는 사람은 이 세상에 없을 것이다. 구약 시대에도 마찬가지였다. 라합은 참으로 사연이 많은 여인이었다.

게다가 그녀는 하나님을 모르는 가나안의 이방 백성이었다. 하나님을 믿는 신앙의 환경에서 살았다면 그녀에게 소망이 있었을 것이다. 하지만 라합의 주위에는 믿음을 가진 사람이 없었다. 누군가가 복음의 소식을 전해주지도 않았다. 라합은 세속적으로도 영적으로도 절망적인 상황에 있었던 사람이었다. 그녀는 모두가 손가락질하는 여인이었다.

하지만 우리가 라합에게서 분명히 발견할 수 있는 것은 그녀가 자신의 삶이 새롭게 되기를 간절히 소망하고 있었다는 점이다. 그녀는 무엇이 자신의 인생을 바꿀 수 있을지 정확히 알 수 없었지만 새로운 인생을 바라고 있었다. 우리 모두 그렇지 않은가? 뭔가 새로운 인생을 바라고 있지 않은가? 이러한 소망은 모든 사람에게 공통된 것이다.

이 여인에게 어느 날 인생 역전의 소망이 생긴다. 그녀에게 새로운 소망이 생기게 된 것은 무엇 때문인가? 그것은 바로 이스라엘 백성들을 인도하신 하나님에 대한 소식 때문이었다. 바로 복음이다.

그녀는 사람들의 통행이 많은 여리고 지방에서 음식을 팔던 사람이었다. 많은 사람들이 라합의 집을 거쳐갔을 것이다. 그녀는 사람들에게서 전해지는 소문을 많이 들을 수 있었다. 라합의 집을 거쳐 간 사람들 중에는 애굽에서 종살이하던 이스라엘 백성을 인도해낸 놀라운 역사를 이루신 하나님에 대한 소식을 전해준 사람도 있었다. 그 사람들은 오며 가며 이스라엘의 하나님이 애굽과 광야에서 이루신 놀라운 일들을 라합에게 들려주었다.

그 소식은 새로운 인생을 꿈꾸던 라합에게 소망을 주었다. 라합은 변화되기 힘든 자신의 인생을 바꿀 수 있는 기회가 그 소문에 있을 것이라는 확신을 갖게 되었다. 그렇게 그녀에게 믿음이 생겼고 그녀는 자신의 믿음을 표현할 기회가 오기를 기다렸다. 기회가 오면 모든 것을 버리고 하나님을 섬기기로 다짐하고 또 다짐했다. 그녀는 하나님을 믿게 되었고 그 믿음이 자신의 삶에 새로운 변화를 줄 것이라 믿었다. 그녀가 하나님을 알게 되면 비전이 생길 것이라는 사실을 알지 못했겠지만, 그녀는 실제로 놀라운 변화를 체험했고 새로운 비전을 소유하며 살아가는 인생이 되었다.

라합은 이스라엘의 정탐꾼이 여리고에 들어왔을 때, 하나님의 백성이 되기를 소망하는 마음으로 죽음을 무릅쓰고 그들을 숨겨 주었다. 정탐꾼들은 라합과의 약속을 지켰다. 후에 이스라엘이 여리고 성을 정복하여 여리고의 모든 사람들이 멸망할 때 라합은 구출되었다. 그녀는 하나님의 백성이 되었으며 새로운 비전을 품고 살아갈 수 있었다. 그는 기생으로 살아가던 삶을 청산했다. 라합은 이스라엘에서 새로운 가정을 이루었으며, 믿음의 가문을 일구며 아름다운 삶을 살 수 있었다.

성경에서 라합보다 극적으로 변화된 삶을 누린 사람은 별로 없다. 그녀는 하나님을 믿고 하나님께서 주신 비전에 따라 가장 완벽한 인생 역전의 드라마를 만들어냈다. 그녀야말로 자신의 인생을 가장 행복하게 변화시킨 놀라운 은총을 경험한 사람이었다. 우리 모두에게도 라합에게 있었던 놀라운 일이 일어나기를 소망한다면, 그녀에게 어떻게 이러한 놀라운 변화가 일어났는지 더 자세히 살펴볼 필요가 있다.

하나님에 대한 절대적 신뢰

라합은 하나님을 알기 힘든 나라에서 살았다. 라합 주위에는 그녀를 전도하는 사람도 없었다. 체계적인 신앙교육을 시켜주는 사람도 없었다. 그녀는 열심히 장사하여 겨우 자신의 생계를 유지하는 평범한 세상 사람이었다. 불만족스러운 그녀의 상황을 개선하도록 도움을 줄 수 있는 사람도 주위에 없었다. 그녀는 먹고 사는 일에 바빠 변화를 꿈꿀 수 없는 이 시대의 수많은 평범한 사람들의 전형이었다.

그러나 그녀는 이 세상을 주관하시는 하나님에 대한 소식을 듣게 되었다. 듣게 된 소식들을 통해 그녀는 하나님에 대해 관심을 갖기 시작했다. 하나님에 대한 놀라운 소식을 듣게 될수록 새로운 인생의 비전이 자신을 기다릴 것이라는 확신이 생기기 시작했다. 그녀의 주변에 교회도 없었다. 기도와 찬양도 알지 못했다. 하지만 하나님을 향한 신뢰와 믿음이 쌓여가기 시작했다. 그녀는 다음과 같이 고백한다.

> 너희의 하나님 여호와는 위로는 하늘에서도 아래로는 땅에서도 하나님이시니
> 라 (수 2:11b)

그녀에게 있어서 하나님은 온 우주에 충만하신 절대적인 분이셨다. 자신의 삶을 바꿀 수 있는 분은 하나님 밖에 없었다. 그녀는 하나님을 믿기 시작하면서부터 비로소 새로운 삶에 대한 소망이 생겼다. 이렇게 그녀의 삶에는 이미 놀라운 변화가 시작되고 있었다.

세상의 무엇을 가지고도 우리의 삶을 진정으로 아름답게 바꿀 수 없다. 많은 돈을 모으고, 외모를 아름답게 꾸미고, 고시에 통과하고, 높은 지위에 오르면 삶이 아름다워질 것 같지만 실제로 그렇지 않다. 세상의 방법으로는 약간의 변화가 가능할 뿐이다. 하나님을 만나고 그분을 온전히 신뢰하는 것만이 우리의 삶을 진정으로 변화시킬 수 있는 원천이다. 하나님은 우리의 영혼을 새롭게 바꾸시고, 우리의 인생에 비전을 주셔서 많은 사람들을 유익하게 하는 아름다운 삶을 살게 하신다. 자신만을 위한 삶에서 이웃을 위한 삶으로 변화되게 하신다.

비전은 우리의 인생을 완전히 바꾸어 놓을 수 있는 가치가 있다. 우리가 하나님 안에서 비전을 발견하고 새로운 인생을 계획할 수 있다면 우리의 인생은 진정한 풍요와 행복을 누릴 수 있다. 하나님을 깊이 알기 위해 힘쓰라. 하나님을 진정으로 신뢰하고 그분을 따르라. 당신을 창

조하신 그분 안에서 자신을 향한 비전을 위해 다른 것들을 버리는 결단을 보이라. 하나님을 신뢰하고 그분의 말씀을 따르는 것만이 우리의 인생을 진정으로 새롭게 할 수 있다. 하나님에 대한 절대적 신뢰는 진정한 인생 역전을 가능하게 한다.

변화를 두려워하지 않는 용기

라합은 하나님을 알게 되었지만 하나님을 따르기 위해서는 모든 것들이 변화되어야 했다. 그녀는 여리고를 떠나야 했다. 새로운 신앙을 갖고 살아가야 했다. 당장의 생계가 걱정되지만 직업을 버려야 했다. 새로운 믿음의 공동체에 자신을 적응시켜야 했다. 전혀 새로운 삶의 방식으로 살아야 했다. 하나님을 신뢰하고 살아가려면 모든 현실에 엄청난 변화를 겪는 것을 피할 수 없다. 그녀는 미래의 비전을 위해 기꺼이 변화를 받아들였다. 이러한 용기가 그녀의 삶을 비전의 삶으로 바꾸어 놓았다.

아무런 변화도 없기를 바라면서 새로운 삶을 원하는 것은 환상이다. 그것은 우상을 숭배하는 사람들의 방식이다. 아무 변화도 없이 부적으로 재앙을 피하고자 하는 것, 아무 노력도 없이 도박이나 복권으로 큰 돈을 얻으려하는 것은 모두 세상의 방식이다. 예수를 믿는다고 하면서 영적인 변화를 추구하지도 않으면서 천국에 가겠다고 하는 것은 우상 숭배나 다름없다.

라합은 새로운 삶을 위해 변화를 받아들이는 용기가 있었다. 그녀는 여리고의 비밀경찰들에게 죽을 수 있는 위험을 감수하고 정탐꾼을 숨겨주었다. 그녀는 이방인으로서 이스라엘 백성들의 공동체에서 생기는 어려움도 참아냈다. 그녀는 새로운 삶을 시작하기 위해 여리고에서 가지고 있었던 모든 것을 버리는 위험을 감수했다. 그녀에게는 당당히 자신에게 다가올 변화를 예측하고, 변화의 과정에서 찾아올 수고와 아픔을 이겨낼 수 있는 용기가 있었다.

비전으로 삶을 아름답게 변화시키려면 변화를 두려워하지 말아야 한다. 변화를 감당할 용기를 얻기 위해 기도해야 한다. 예수를 믿어도 새로운 삶을 위해 변화를 받아들이지 않으면 달라지는 것이 없다. 여전히 과거가 되풀이된다. 예수께서는 나를 따라 오려거든 자기를 부인하고 자기 십자가를 지고 나를 좇을 것이라고 말씀하셨다.

> 이에 예수께서 제자들에게 이르시되 누구든지 나를 따라오려거든 자기를 부인하고 자기 십자가를 지고 나를 따를 것이니라 (마 16:24)

이 말씀은 우리가 예수 그리스도를 만나서 진정한 변화를 이루기 위해 많은 변화가 있어야 함을 의미하는 것이다. 애벌레가 나비가 될 때 변화의 고통을 이겨내야 하듯이, 우리의 삶에 새로운 비전의 성취가 있기 위해서는 자기를 부인하고 십자가를 지는 수고가 있어야 한다.

이 수고는 결코 헛된 것이 아니다. 새롭게 변화된 삶이 우리에게 주는 축복에 비하면 그것은 아무 것도 아니다. 모두 담대하게 삶을 변화시키는 일에 동참하라. 세상의 쾌락과 휴식을 위해 쓰던 시간을 주님께 드려라. 나만을 위해 사용하던 물질을 주님과 이웃을 위해 나누라. 미래의 비전을 위해 더욱 열심히 노력하고 수고하라. 그러한 변화도 없이 새로운 삶을 기대하는 것은 우상 숭배다.

하나님을 믿고 그분의 뜻대로 산다는 것은 엄청난 변화요 거대한 혁신이다. 하나님께서 주신 비전을 성취하는 삶을 산다는 것은 위대한 도전이다. 머리로만 믿고 끝나는 것은 신앙이 아니다. 진정한 그리스도인은 비전을 위해 믿음으로 행동한다. 성도의 삶에는 근본적인 변화가 수반될 수밖에 없다. 우리의 삶은 요동치고 움직여야 한다. 믿음은 머리로 믿는 확신이 아니라 삶의 움직임으로 이어지는 역동적인 운동력이다. 용기 있게 변화를 추구하여 인생의 새로운 축복을 얻으라.

기회를 잡을 수 있는 결단력

사람의 인생은 단 한 번 뿐이다. 한번 살아보고 다음에는 이렇게 해야지 할 수 있는 여유가 없다. 라합은 새로운 인생을 소망했다. 그러나 그 소망을 이룰 수 있는 기회는 쉽게 얻어질 수 없었다. 어쩌면 그녀에게 하나님을 따라 새로운 삶을 시작할 수 있는 기회는 한 번뿐이었는지도 모른다. 기회는 갑자기 찾아왔다. 그녀의 집에서 이스라엘의 정탐꾼들이 쉬게 되었던 것이다. 그녀가 만약 이스라엘의 정탐꾼들을 숨겨주며 그들에게 믿음을 표현하지 않았다면 어떻게 되었을까? 다시 그녀에게 그러한 기회가 주어졌을까? 라합에게는 바로 그 순간 기회를 잡을 수 있는 결단력이 있었다.

그녀는 하나님께서 자신에게 주신 인생의 기회를 놓치지 않았다. 그녀는 대단히 위험한 결단을 하게 되었다. 정탐꾼들이 여리고에 오자 자신의 믿음대로 그들을 숨겨 주었다.

> 여리고 왕이 라합에게 사람을 보내어 이르되 네게로 와서 네 집에 들어간 그 사람들을 끌어내라 그들은 이 온 땅을 정탐하러 왔느니라 그 여인이 그 두 사람을 이미 숨긴지라 (수 2:3-4b)

그녀는 믿음대로 행동하였다. 여리고의 경찰들이 자신의 집을 방문하는 위기의 상황이 있었지만 그녀는 결코 주저하지 않았다.

이러한 결단은 그녀의 인생에 변화를 일으켰다. 이스라엘의 정탐꾼들은 후에 여리고를 정복할 때 그녀를 기억하겠다고 약속하였고 하나님은 라합을 기억하고 구원하셨다. 그녀는 이스라엘 백성을 따라 새로운 삶을 시작했다. 라합의 이야기는 결코 동화 속에 나오는 이야기가 아니다. 우리 모두에게 주시는 하나님의 약속을 담은 이야기이다. 우리 모두의 삶을 변화시키겠다고 약속하시는 하나님의 말씀이다.

사람이 새로운 인생을 위하여 변화를 결단하고 행동으로 표출할 수 있는 기회는 자주 오지 않는다. 결단하여 행동으로 표현되지 않는 믿음은 아무 능력을 발휘하지 못한다. 우리가 기회를 붙잡지 않으면 비전을 따라 살아갈 수 있는 인생의 축복을 놓치게 되는 것이다. 주님을 향한 자신의 굳건한 신뢰와 믿음을 삶에 옮겨놓을 수 있는 기회를 붙잡으라. 늘 기도하면서 하나님께서 주시는 결단의 기회를 놓치지 말고 붙잡으라. 하나님의 기적이 일어날 수 있는 기회를 놓치지 마라. 주저함이나 의심은 우리의 삶에 찾아온 기회를 날려버리게 만드는 독소라는 것을 기억하라.

라합의 위대한 인생

라합은 하나님을 믿고 믿음을 삶에 옮겨놓는 결단을 통해 하나님께서 주신 새로운 삶으로 나아갈 수 있게 되었다. 그녀는 과거의 삶을 청산했다. 그녀는 우상을 섬기며 불행했던 자신의 과거와 상처뿐인 인생을 버리고 하나님께서 주시는 비전을 바라보는 삶을 소유하게 되었다. 그녀는 하나님 나라의 백성이 되었을 뿐 아니라 살몬이라는 남자와 결혼하여 믿음의 가정을 이루었다. 그녀의 이후 삶에 대해서 성경이 자세히 이야기하지 않는다. 하지만 그녀는 가정과 공동체에서 하나님께서 주신 비전을 성취하며 살았을 것이다.

그녀의 후손 중에 보아스라는 사람이 태어났다. 보아스는 믿음의 여인 룻과 함께 탁월한 가정을 이루었고, 그 가정은 결국 다윗 왕의 가문으로 이어지게 되었다. 라합의 가정은 이스라엘에서도 가장 유명한 믿음의 가문으로 성장하였고, 후에 예수 그리스도의 족보에 라합이라는 이름이 기록되었다.

> 살몬은 라합에게서 보아스를 낳고 보아스는 룻에게서 오벳을 낳고 오벳은 이새를 낳고 이새는 다윗왕을 낳으니라 (마 1:5~6a)

사실 이보다 더욱 중요한 것은 이스라엘이 가나안 땅을 정복하는 과정에서 하나님께서 라합을 사용했다는 사실이다. 그녀의 인생은 하나님께서 뜻을 이루시는 과정에서 매우 중요하게 쓰임받는 영광을 얻었다. 한 나라의 지도자에게 발탁되어 일하게 되는 것도 영광인데, 하나님께 중요하게 쓰임 받는다는 것이 얼마나 영광인가? 그녀에 의해서 이스라엘의 정탐꾼들은 목숨을 건졌으며, 여리고의 왕과 비밀경찰은 무력화되었다. 하나님의 계획이 라합에 의해서 보존되고 성취되었다. 라합이 정탐꾼에게 준 정보는 이스라엘이 가나안을 당당하게 정복할 수 있는 결정적 단서가 되었다.

또 여호수아에게 이르되 진실로 여호와께서 그 온 땅을 우리 손에 주셨으므로
그 땅의 모든 주민이 우리 앞에서 간담이 녹더이다 하더라 (수 2:24)

라합은 세상에서 생업을 위해 수단과 방법을 가리지 않던 사람이었다. 그러나 하나님을 만난 이후에 매우 중요한 인물로 변화되었다. 이것이 진정한 인생 역전이다. 삶의 목적이 이 세상의 욕망을 채우는 일에서 하나님의 비전을 성취하는 것으로 옮겨지는 것이 진정한 인생 역전인 것이다. 비전을 성취하기 위해 라합과 같이 용감하게 결단하라. 하나님께서 주신 기회를 붙잡으라.

진정한 인생 역전은 다름 아닌 하나님에 대한 온전한 신뢰에서부터 시작된다. 하나님을 신뢰한다면 삶에 필요한 변화에 대한 두려움을 버리고 과감히 행동해야 한다. 그리고 기회가 왔을 때 자신의 모든 삶을 걸고 결단해야 한다. 하나님에 대한 신뢰를 삶에 옮겨놓는 진정한 믿음의 움직임이 있을 때 우리 모두에게 진정한 인생 역전이 가능하다. 하나님만을 신뢰하라. 변화에 대한 두려움을 극복하라. 기회가 주어질 때 결단하고 행동하라. 우리에게도 놀라운 변화가 찾아올 것이다.

제 3 부

비전의 비결
성취

THE

KINGDOM-VISION
MAKES YOUR
LIFE GREAT

05
하나님을 신뢰하고 모험을 감행하라

비전을 위해 모험을 감행하라

모든 사람들은 비전을 성취하는 위대한 삶을 꿈꾼다. 이 세상 누구도 무의미하게 인생이 끝나는 것을 원하지 않는다. 모든 사람들이 이렇게 위대한 인생을 꿈꾸지만 위대한 인생을 살았다고 기억되는 사람은 그렇게 많지 않다. 그 이유는 비전을 성취하기 위해 삶의 안정을 깨고 나오는 모험이 필요한데 많은 사람들이 두려움 때문에 모험을 시도하지 못하기 때문이다.

한국에는 많은 기독 기업인들이 있다. 기업인들은 대체로 교회에서 헌금도 많이 하고 선교에도 많은 기여를 하고 있다. 하지만 하나님의 말씀대로 기업을 운영하는 경우는 정말 찾아보기 힘들다. 성경대로 기업을 운영하다 보면 이중 장부를 둘 수 없으니 비자금을 만들 수 없다. 비자금이 없으니 향응을 접대하기도 힘들어 사업상 어려움이 많다. 탈세를 할 수도 없으니 기업의 재정상태가 힘들어진다. 상식적으로 생각했을 때 기업을 운영하면서 정직하고 깨끗하게 성경적 경영을 한다는 것이 얼마나 어려운지는 쉽게 짐작할 수 있다. 그래서 기업을 운영하는 기독인들은 성경적인 경영을 하겠다는 모험을 감행해 보지도 못하고 오히려 사회에서 손가락질을 당하는 경우가 많았다.

이런 상황에서 눈에 띄는 인물이 있다. 바로 BM Link 대표 장순옹 회장이다. 그는 과거에 통신판매 사업을 했다. 그때부터 성경적인 경영을 시도해 보겠다는 비전을 가지고 매우 높은 도덕성을 견지하며 경영을 해왔고 기독인들의 경영에 대한 강의도 많이 하고 있다. 그는 수많은 위기를 겪으면서도 성경적 경영이라는 모험을 시도해 왔다. 적법하다는 것만 가지고는 안된다고 말한다. 기독기업인은 하나님이 원하시는 것이 아니면 하지 말아야 한다는 높은 기준을 적용하여 성경적 경영을 시도하려 노력해 왔다. 다른 사람들은 적법한 수준의 경영도 하기 어려운 것이 사실이다. 그러나 그는 하나님께서 원하시는 경영을 하겠다고 하니 이것이 얼마나 큰 모험인가?

그는 동종업계 다른 기업보다 훨씬 많은 세금을 내서 재정적 어려움에 빠지기도 했다. 사람들에게 해악을 권장하는 제품은 아예 판매하지도 않았다고 한다. 그는 실제로 통신판매 사업을 하면서 주류나 섹스용품은 물론 제기와 수의도 취급하지 않았다. 그것이 불법이기 때문이 아니다. 모두 적법한 물건들이다. 하지만 그런 것들은 하나님께서 원하시지 않는 것이라는 판단에 따라 그는 손해를 감수했다. 그는 하나님의 말씀에 따라 불확실한 경영의 미래를 맡기는 모험을 계속 시도해 오고 있다. 그는 세계적인 기업을 경영하는 CEO는 아니지만 하나님의 말씀에 따라 존경받는 깨끗한 경영을 하겠다는 모험을 감행했고 이미 어느 정도는 성취가 되었다. 비전을 위해 이런 모험을 감행할 수 있는 용기가 필요하다. 모험은 하나님을 신뢰할 때 가능하다. 하나님께서 기업을 지키시고 복을 주실 것이라는 믿음 없이 어떻게 모험적인 경영을 할 수 있었겠는가? 그의 성공은 하나님을 신뢰하고 모험을 감행했기에 가능했다.

우리는 비전을 성취하기 위해 여호수아의 여정을 따라가고 있다. 여호수아는 이제 가나안 정복의 비전을 성취하려는 계획을 마무리했다. 그는 하나님께서 계획하신 대로 백성들과 함께 비전의 땅으로 들어갈 준비를 하기 위해 수고했다. 이제 그들은 요단강을 건너야 한다. 여호수아는 백성들을 이끌고 요단강을 향한다. 요단 강을 건너는 모험을 감행하기 위해 그가 어떤 명령들을 수행했는지 살펴보자.

언약궤를 따르라

먼저 여호수아는 함께 비전의 땅을 향하는 이스라엘 백성들에게 제사장들이 메고 가는 언약궤를 따르라는 명령을 받았다. 이것은 비전을 성취하려는 우리 모두가 꼭 명심해야 할 첫 번째 명령이다.

> 백성에게 명령하여 이르되 너희는 레위 사람 제사장들이 너희 하나님 여호와의 언약궤 메는 것을 보거든 너희가 있는 곳을 떠나 그 뒤를 따르라 (수 3:3)

이 명령이 의미하는 바는 무엇인가? 히브리어로 언약궤란 '상자'나 '함'을 가리키는 말로 증거궤 또는 법궤라고도 불렀다. 그 안에는 모세가 시내산에서 받은 두 돌판과 이스라엘 백성들이 광야에서 먹었던 만나와 아론의 지팡이가 보관되어 있었다. 언약궤 안에 들어 있는 내용물은 하나님께서 백성들에게 뜻을 계시하시고(돌판), 백성들의 생명을 책임지시며(만나), 모든 것을 다스리신다(지팡이)는 것을 상징하고 있다. 즉 언약궤 안에 있는 돌판과 만나와 지팡이는 인간의 삶의 전 영역을 하나님께서 주관하고 다스리신다는 것을 상징하는 것이다.

따라서 언약궤를 좇으라는 말은 삶의 모든 영역에서 하나님의 주권을 인정하고 하나님의 인도하심에 따라 살아가라는 말이다. 가정과 직장과 교회와 삶의 모든 영역에서 성도는 하나님의 주권을 인정해야 한다. 그러면 하나님을 신뢰할 수 있다. 하나님을 신뢰하는 것은 비전을 위한 위대한 모험을 감행할 수 있는 영적 파워를 준다.

이스라엘 백성들이 지금 가야하는 길은 한 번도 가지 않았던 길이다.

> 그러나 너희와 그 사이 거리가 이천 규빗쯤 되게 하고 그것에 가까이 하지는 말
> 라 그리하면 너희가 행할 길을 알리니 너희가 이전에 이 길을 지나보지 못하였
> 음이니라 하니라 (수 3:4)

우리 모두는 한 번도 지나가지 않았던 인생길을 가고 있다. 우리는 늘 불확실한 상황에서 새로운 길을 걸어가야 한다. 따라서 우리는 하나님의 말씀을 따라 살아가야 한다. 인생은 두 번 살 수 없기 때문이다. 모든 인생의 길을 인도하시고 주관하시는 분은 하나님이다.

자기의 뜻을 따라가면 성공할 수 있을 것처럼 보이지만 결국 실패한다. 타락한 인간은 결코 스스로를 옳은 길로 인도할 수 없다는 것을 기억하라. 우리는 혼탁한 세상에서 한 번도 가보지 않은 인생의 길을 걸어가는 과정에 있다. 따라서 우리들은 항상 하나님께 순종하면서 가야할 길을 결정해야 한다. 그것이 가장 확실한 인생의 길이다. 좁고 힘든 길인 것처럼 보이지만 하나님께서 주시는 그 길이 정답이다.

그렇다면 하나님께 순종하면서 가야할 길을 결정한다는 것은 무슨 의미인가? 그것은 숨겨진 하나님의 뜻을 힘겹게 찾아가라는 것인가? 어떤 예언자에게 의존하여 점패를 받아 가는 것인가? 하나님께 순종하면서 삶의 행보를 결정한다는 것은 우선 하나님의 말씀에 분명히 어긋

나는 요소를 삶에서 제거해 나가는 것이다. 명확하게 하나님의 뜻에서 벗어나 행하고 있는 일들을 고쳐나가는 것이다.

우리는 당장 눈앞에 보이는 이익과 번영을 위해 하나님께서 명백히 원하시지 않는 일들을 선택하고 살아갈 때가 많다. 그렇게 살아가는 인생을 하나님께서 당장 징계하고 저주하시지 않는 경우가 많다. 하지만 그러한 인생은 결코 멋진 인생이 될 수 없고 천국의 상급도 없다. 눈앞의 이익을 좇아 하나님의 뜻에 반하는 결정을 내리지 않는다면, 우리의 삶은 하나님의 뜻을 향해 계속해서 전진해 가게 될 것이다. 우리는 하나님의 인도하심을 받을 수 있으며 결국에는 멋진 인생이 되어 있을 것이다. 하나님의 뜻대로 삶의 행보를 결정하고, 하나님의 뜻에 반대되는 결정을 삶 속에서 제거하라. 그러면 하나님께서 당신을 가장 좋은 길로 인도하실 것이다.

자신을 성결하게 하라

우리가 용기있게 비전을 위해 모험을 시도하려면 자신을 깨끗하게 준비해야 한다. 이스라엘 백성은 가나안 땅을 정복하는 전쟁을 앞두고 성결할 것을 요구받았다.

여호수아가 또 백성에게 이르되 너희는 자신을 성결하게 하라 여호와께서 내
일 너희 가운데에 기이한 일들을 행하시리라 (수 3:5)

이것은 좀 의아한 명령이다. 전쟁을 앞두고 자신을 깨끗하게 하는 것
이 무슨 의미가 있는가?

이 명령은 세상 사람들이 말하는 성공의 법칙과 다른 대단히 중요한
하나님의 방법을 내포하고 있다. 하나님의 비전을 품은 사람은 자신의
능력으로 그것을 이룰 수 없다. 이스라엘 백성들이 가나안 땅을 정복하
는 일은 현실적으로 불가능했다. 무기도 부족했고 군대의 수도 적었다.
하나님께서 계획하신 비전은 하나님의 방법으로 이루어진다. 따라서 우
리는 자신을 깨끗하게 하라는 하나님의 명령을 따라야 한다. 하나님께
서는 우리가 자신을 성결케 하면 삶 속에 하나님의 놀라운 능력이 나타
날 것을 약속하셨다.

하나님을 믿는 우리의 삶 속에 늘 하나님의 넘치는 능력이 나타나기
위해서는 깨끗한 삶이 필요하다. 세상 사람들과는 구분되는 거룩한 삶
이 필요하다. 경건하게 하나님의 뜻에 따라 자신을 세속적인 것으로부
터 지키는 삶이 필요하다. 하나님께서 우리의 삶을 통해 하나님의 위대
한 뜻이 이루어지도록 하기 위해서 우리에게 필요한 것은 성결이다.

이 세상에 많은 사람들이 있지만 하나님께 쓰임을 받는 사람은 거짓
과 탐욕이 없는 성결한 사람이다. 하나님께서는 깨끗한 그릇을 사용하

신다.

> 큰 집에는 금 그릇과 은 그릇뿐 아니라 나무 그릇과 질그릇도 있어 귀하게 쓰는
> 것도 있고 천하게 쓰는 것도 있나니 그러므로 누구든지 이런 것에서 자기를 깨
> 끗하게 하면 귀히 쓰는 그릇이 되어 거룩하고 주인의 쓰심에 합당하며 모든 선
> 한 일에 준비함이 되리라 (딤후 2:20-21)

우리가 비전을 성취하기 위해 가장 신경써야 하는 문제는 세속으로
부터 자신을 깨끗하게 지키는 것이다. 위대한 삶의 길을 가는 자에게 성
결이란 자신을 지켜 세속에 물들지 않는 것이다.

> 하나님 아버지 앞에서 정결하고 더러움이 없는 경건은 곧 고아와 과부를 그 환
> 난중에 돌보고 또 자기를 지켜 세속에 물들지 아니하는 그것이니라 (약 1:27)

세속에 물들지 않는다는 것은 세상으로부터 이탈한다는 것이 아니
다. 오히려 세상 속에 있으면서도 자신의 영성을 잃지 않는 것을 의미
한다. 더러운 쓰레기 더미 위에서도 당당하게 피어나는 들꽃처럼 더러
운 세상 가운데서도 하나님의 백성으로서 자신의 정체성을 지키며 자신
만의 아름다운 향기를 낼 수 있는 사람, 그런 사람이 바로 성결한 사람
이다. 다니엘은 우상을 섬기는 바벨론의 궁정에 있으면서도 하나님 말
씀에서 배운 삶의 기준을 지키면서 살아갔다. 스스로 자신을 지켜 성결
하게 하려고 바벨론 왕궁의 좋은 음식을 거부했다. 성결이란 이처럼 이

세상 가운데서 하나님의 백성으로 정체성을 지켜낼 줄 아는 것이다. '나는 그리스도인이다. 나는 하나님의 거룩한 백성이다.' 이런 강한 정체성으로 일상을 살아갈 수 있는 것이 바로 성결이다. 이 세상에는 불법적인 관행과 성공을 위한 속임수와 이중 장부와 더러운 쾌락의 유혹들이 많다. 이런 모든 것들로부터 자신을 지키고 성결함으로 위대한 인생을 준비하라. 하나님께서는 성결한 사람을 통해 큰 일을 일으키신다.

요단에 들어서라

비전 성취를 위해 달려가는 우리에게 하나님께서 주시는 가장 결정적인 세 번째 명령은 바로 '요단에 들어서라'는 명령이다.

> 너는 언약궤를 멘 제사장들에게 명령하여 이르기를 너희가 요단 물 가에 이르거든 요단에 들어서라 하라 (수 3:8)

요단강은 곡식을 거두는 시기에 항상 강둑까지 물이 넘쳤다.

> 요단이 곡식 거두는 시기에는 항상 언덕에 넘치더라 (수 3:15a)

하필이면 강물이 언덕까지 넘치는 시기에 강에 들어서라는 이 명령은 무엇을 의미하는가? 이것은 하나님의 뜻과 영광을 위해 불가능해 보이는 일도 행할 수 있는 믿음이 있느냐를 묻는 명령인 것이다.

비전을 이루는 멋진 인생을 위해서는 때로 일상의 안정을 포기할 뿐 아니라 어려운 모험을 감수해야 할 때가 있다. 그럴 때 하나님을 향한 절대적 신뢰가 없으면 우리는 한 걸음도 내딛을 수 없다. 하나님께서는 아브라함에게도 이삭을 바치라는 명령을 하셨다. 이것은 하나님만 절대적으로 신뢰하는가를 시험하시는 명령이었다. 때로 우리의 삶에 이러한 하나님의 명령과 유사한 일들이 생기게 될 것이다. 그럴 때 하나님을 신뢰하며 요단강에 들어설 수 있는 믿음을 연습하라.

이스라엘 백성들은 하나님께서 주신 땅을 밟기 위하여 지체하지 않고 요단강을 건너야 했다. 백성들이 믿음으로 요단강에 들어섰을 때 하나님께서는 큰 일을 행하셨고 강에 길을 내셨다.

> 궤를 멘 자들이 요단에 이르며 궤를 멘 제사장들의 발이 물 가에 잠기자 곧 위에서부터 흘러내리던 물이 그쳐서 … 물은 온전히 끊어지매 백성이 여리고 앞으로 바로 건널새 여호와의 언약궤를 멘 제사장들은 요단 가운데 마른 땅에 굳게 섰고 그 모든 백성이 요단을 건너기를 마칠 때까지 모든 이스라엘은 그 마른 땅으로 건너갔더라 (수 3:15b-17)

이것이 하나님의 방법이다. 믿음으로 결단하고 요단강에 들어선 백성들은 결국 요단을 건너 비전의 땅으로 들어가는 성취를 이룰 수 있었다.

언덕까지 물이 넘치는 요단강에 발을 담그라는 명령은 하나님의 약속을 믿는 믿음이 있는지를 평가하는 것이다. 비전을 이루는 과정에서 때로 우리 힘으로 불가능한 일에 부딪혔을 때 믿음이 없으면 좌절하게 된다. 하나님의 약속을 믿는 믿음으로 담대히 도전할 때 하나님께서 놀라운 일을 이루신다. 이것은 신비한 기적을 바라고 살아가라는 말이 아니다. 하나님께서 주신 비전을 이루는 위대한 삶을 살아가기 위해 때로 불가능해 보이는 일 앞에 있을지라도 하나님의 뜻에 합당하다면 믿음으로 나아가라는 명령인 것이다. 이스라엘 백성들이 이 명령에 순종할 때 요단강에 길이 열렸듯이 하나님께서 주신 비전을 이루는 삶에는 놀라운 하나님의 도우심이 있다.

현대 사회는 우리에게 확실한 것에 투자하고 모든 위험한 상황을 대비하여 돌다리도 두드려보고 조심스럽게 건너라고 말한다. 그러나 예수 그리스도를 믿는다는 것은 삶을 그분께 맡기고 믿음으로 모든 불확실에 대한 두려움과 공포를 이기는 것이다. 그렇게 주님을 따라가야만 남다른 위대한 삶을 살아갈 수 있다. 안정을 좇아가면 비전을 이루는 삶은 불가능하다는 것을 기억하라.

사실 믿음의 길은 항상 모험의 길이다. 믿음은 이미 이루어진 하나님의 놀라운 십자가의 사랑을 믿는 것이며, 동시에 아직 이루어지지 않은 비전이 성취될 미래를 믿는 것이다. 믿음은 과거를 발판으로 늘 미래를 향해 나아간다. 우리는 미래에 대해 불안하고 두려울 때가 많지만 하나님의 뜻이라면 이루어진다는 믿음을 가지고 신뢰를 잃지 말고 맡겨진 비전을 향해 달려가야 한다. 이것이 믿음의 길이다. 위대한 삶의 열쇠는 여기에 있다. 우리는 불확실한 현실 가운데 살아가고 있다. 이런 불확실한 현실을 열정적으로 살아갈 수 있는 원동력은 바로 주님의 뜻을 따라 비전을 위해 모험을 감행할 수 있는 믿음뿐이다.

우리는 믿음으로 미래를 개척하기보다 앞날을 계산하고 예측하려는 오류에 빠진다. 미래의 안정을 위해 많은 것을 쌓아두어야 할 것 같은 근심에 빠진다. 그렇게 예측하고 계산하는 사이에 우리의 믿음은 사라지고 인간적인 염려와 두려움만이 우리의 마음에 가득하게 된다. 그렇게 미래를 염려하며 내면의 욕심을 추구하는 순간 우리의 삶은 세상 사람들의 삶과 같아지게 된다. 믿음으로 살아간다는 것은 미래를 예측하고 대처하기 위해 모든 에너지를 쏟는 것이 아니라 불확실한 현실 가운데서도 주님을 믿고 사명을 위해 모험을 감행하는 것을 의미한다.

믿음은 움직임이요 변화의 운동력이다. 믿음은 모든 현실의 두려움을 파괴하고 미래를 향한 열정을 만들어내는 변화의 에너지이다. 그러므로 믿음으로 충만한 사람의 삶에는 엄청난 에너지가 생긴다. 현실을 변혁하고 비전을 이룰 수 있는 능력이 나타난다. 믿음으로 요단강에 들어서라. 우리의 무한한 가능성은 하나님의 능력으로 폭발하게 된다.

비전을 위하여 지금 모험하라

여호수아는 요단강 앞에 섰다. 강물이 사람을 삼킬 것 같이 넘실거리는 요단강 앞에서 여호수아는 그 강을 건너야 한다는 사명을 가지고 있었다. 그는 하나님 앞에 정결한 마음으로 언약궤를 따라 믿음의 걸음을 내디뎠다. 여호수아는 이 걸음으로 비전을 성취하기 위한 또 한 번의 아름다운 선택을 했다.

우리는 이제 어떤 선택을 해야 하는가? 현실의 안정이 찾아올 때까지 비전을 위한 노력을 뒤로 하고 언제까지고 기다려야 할 것인가? 아니다. 우리도 언약궤 앞에서 하나님의 인도하심을 따라, 정결한 삶의 모습으로 무장하고, 요단강에 믿음의 발을 디뎌야 한다. 지체하지 말고 모험을 감행해야 한다.

요단강에 발을 디뎠다는 것은 하나님의 주신 사명을 위해 자신의 삶을 던졌다는 말이다. 요단강에 발을 디뎠다는 것은 생명보다도 비전이 중요했다는 말이다. 요단강에 발을 디뎠다는 것은 하나님 나라를 위해 불확실한 미래에 자신을 투자했다는 말이다. 요단강에 발을 디뎠다는 것은 하나님께서 인도하시는 미래를 위해 현실의 안정을 스스로 버렸다는 말이다. 요단강에 발을 디뎠다는 것은 현실의 안정에 대한 욕망보다 하나님에 대한 신뢰가 강했다는 말이다. 그렇게 하나님을 신뢰하고 나아가는 자에게만 믿음 안에서 비전이 성취되는 놀라운 일이 현실이 된다.

> 믿음으로 모세는 장성하여 바로의 공주의 아들이라 칭함 받기를 거절하고 도
> 리어 하나님의 백성과 함께 고난 받기를 잠시 죄악의 낙을 누리는 것보다 더 좋
> 아하고 그리스도를 위하여 받는 수모를 애굽의 모든 보화보다 더 큰 재물로 여
> 겼으니 이는 상 주심을 바라봄이라 (히 11:24-26)

요단강은 갈라졌다. 하나님은 아름다운 모험을 감행한 여호수아와 그의 백성들을 통해 놀라운 일을 이루셨다. 그들의 삶은 비전이 성취되는 위대한 인생을 향해 한 걸음 더 나아갔다. 여호수아가 하나님의 나라를 위해 요단에 생명을 던졌을 때 하나님께서도 여호수아와 그 백성을 위해 일하셨다. 이것이 현실을 변화시켜 기적을 만드는 믿음이다.

하나님께서 우리를 위해 일하시도록 초청하려면 이기적 욕심을 버리고 하나님의 나라를 위해 자신을 버려야 한다. 나를 지키고 보전하려 하면 비전을 이루는 위대한 삶은 찾아오지 않는다.

> 누구든지 자기 목숨을 구원하고자 하면 잃을 것이요 누구든지 나와 복음을 위
> 하여 자기 목숨을 잃으면 구원하리라 (막 8:35)

백성들은 지체할 것 없이 하나님의 말씀을 따라 요단강을 건넜다. 하나님께서 일하심으로 그들은 건널 수 없었던 요단강을 건널 수 있었다.

현대 사회는 우리에게 안정을 강요한다. 하나님 나라를 위해 믿음의 모험을 선택하는 자가 줄어들고 있다. 모두가 자신의 평안만을 유지하려 하고 있다. 이것이 사탄의 강력한 유혹이다. 우리는 하나님을 믿는다

고 말하지만 사실은 물질을 믿고 있으며 현실에 안주하고 있다. 자신의 삶에서 아무 것도 잃지 않으려는 안전장치를 해 놓고 최소한의 종교 생활만을 하고 있다. 이것이 바로 현대 사회에서 비전을 이루는 위대한 삶을 찾아보기 힘든 이유이다. 하나님의 나라를 위해 믿음으로 나아가라. 언약궤를 좇으라. 자신을 성결하게 하라. 요단에 들어서라. 하나님을 신뢰하며 모험을 감행하라. 이 명령들은 우리의 삶을 비전을 성취하는 삶으로 바꾸는 키워드가 될 것이다.

06
하나님의 능력을 기억하라

기억의 중요성

중국 길림성 집안현 통구라는 곳에 가면 고구려 제 19대 임금인 광개토왕의 공덕을 기념하는 광개토왕비가 서 있다. 이 기념비는 그의 아들 장수왕 2년 414년에 건립된 것으로 그 높이는 6.6m에 사면에 새긴 글자 수는 1,802자로 추정된다. 이 기념비가 처음 발견된 것은 1882년인데 이후 한국과 일본의 비문 해석의 견해 차이가 문제되고 있다. 일본인들은 이 기념비의 내용이 고대 일본이 한반도 남부를 지배했다는 이른바 '임나일본부설'의 근거라고 주장하는 반면에, 한국의 사학자들은 이 기념비의 일부 내용이 조작된 것이라 하여 해석의 차이를 두고 큰 논쟁이 되어

왔다.

일본인들은 이 비문에서 〈왜(일본)가 바다를 건너 와서 백제와 신라를 파해 신민으로 삼았다〉는 구절이 나온다고 주장하며, 그 구절이 일본사기(日本書紀)에 나오는 '임나일본부'를 입증하는 것이라고 주장한다. 일본은 그렇게 고대로부터 한반도를 지배했다는 역사적 확신을 가지고 있다. 이에 대해 정인보 선생은 해석상의 모순을 지적하였고, 1972년 재일(在日) 사학자 이진희는 비문이 일제에 의해 파괴되어 문제의 비문 가운데 4글자가 조작되었다고 하며 일본인들의 주장을 반박하였다.

이미 1600년 전에 만들어진 광개토대왕비에 얽힌 논쟁들을 통해 우리는 사람들이 과거를 기록한 기념비로부터 큰 의미를 찾아내려 한다는 것을 잘 알 수 있다. 한국과 일본은 이 광개토대왕비의 해석을 놓고 전쟁을 불사하는 논쟁을 하고 있는데, 그 이유는 그 기념비의 비문 해석 하나가 민족의 역사와 정체성을 바꾸어 놓을 수 있기 때문이다.

세상에는 수도 없이 많은 기념비와 기념탑들이 존재한다. 사람들은 그 기념비와 탑들을 통해 과거를 기억하려 한다. 그것을 통해 자신들의 역사적 정체성을 확립하고, 나아가서 미래의 삶의 근거와 방향성을 발견하려 한다. 사람이 무엇에 근거하여 자신의 정체성을 세우는가 하는 것은 앞으로 그 사람이 어떤 삶을 살아가게 될 것인가를 가늠해 볼 수 있는 중요한 잣대라고 말할 수 있다. 사람에게 있어서 기억은 존재의 근거이며 미래의 삶을 위한 가치관을 형성하는 중요한 뼈대라고 할 수 있다.

비전을 위해 믿음의 길을 가는 우리에게도 마찬가지이다. 우리는 하나님의 능력이 나타났던 과거를 기억해야 한다.

열두 돌을 세우라

우리는 여호수아가 비전을 성취하는 과정을 자세히 살펴보고 있다. 여호수아는 이제 비전의 땅에 들어섰다. 이스라엘 백성들은 믿음으로 물이 넘실거리는 요단강을 건너는 모험을 시도했다. 여호수아를 따라 요단강이 갈라지는 놀라운 광경을 볼 수 있었다. 그들은 갈라진 요단강을 무사히 건넜다. 모든 백성들은 이제 새로운 땅에 서 있다. 40년 동안 반복되는 광야의 삶은 이제 끝이 났다. 그들은 새로운 땅에서 이루어야 할 성취에 대한 기대에 부풀어 있었다. 그들은 처음으로 정복해야 할 땅인 여리고 동쪽 경계에 있는 길갈에 진을 쳤다.

하나님께서는 이제 요단강을 건너는 믿음을 보여준 이스라엘 백성들에게 그 일을 기념하는 돌들을 세우라는 명령을 하셨다.

> 그 모든 백성이 요단을 건너가기를 마치매 여호와께서 여호수아에게 말씀하여 이르시되 백성의 각 지파에 한 사람씩 열두 사람을 택하고 그들에게 명령하여 이르기를 요단 가운데 제사장들의 발이 굳게 선 그 곳에서 돌 열둘을 택하여 그 것을 가져다가 오늘밤 너희가 유숙할 그 곳에 두게 하라 하시니라 (수 4:1-3)

여호수아는 하나님의 명령대로 열두 돌을 길갈에 세웠다.

여호수아가 요단에서 가져온 그 열두 돌을 길갈에 세우고 (수 4:20)

이것은 하나님께서 주신 비전을 이루는 삶을 소망하는 우리에게 매우 중요한 명령이다.

이 명령은 어떤 의미가 있는가? 이것은 일종의 기념비이다. 사람의 업적을 찬양하는 기념비가 아니고 하나님께서 하신 일을 기념하는 기념비이다. 하나님께서는 가나안 땅을 향해 나아가는 백성들에게 이 기념비를 통해 하나님께서 행하신 놀라운 일을 기억하게 하셨다. 이제 이 기념비를 통해 하나님을 기억하게 된다면 앞으로 비전을 성취하는 과정에서 생기는 모든 어려움과 대적의 방해를 극복할 수 있는 힘을 얻을 수 있게 될 것이다.

결국 열두 돌을 세우는 것은 이스라엘 백성들에게 하나님의 능력을 힘입어 살아가는 백성이라는 분명한 정체성을 심어준다. 그 정체성은 흔들리지 않고 비전을 성취하는 데 가장 필요한 영적 에너지가 된다. 하나님의 놀라운 역사는 자주 일어나지 않는다. 때로 힘겨운 일도 생긴다. 하지만 놀라운 일을 이루셨던 하나님을 기억한다면 능히 모든 상황을 이길 수 있는 힘이 생기는 것이다.

모든 백성들이 요단강을 건넜다. 다시 요단강은 평소와 같이 언덕까지 물이 넘치게 되었다.

> 여호와의 언약궤를 멘 제사장들이 요단 가운데에서 나오며 그 발바닥으로 육
> 지를 밟는 동시에 요단 물이 본 곳으로 도로 흘러서 전과 같이 언덕에 넘쳤더라
> (수 4:18)

이제 하나님의 놀라운 역사는 기억 속으로 사라졌다. 갈라졌던 요단
강에는 다시 물이 넘실거린다. 이스라엘 백성들에 남겨진 것은 열두 개
의 돌과 기억뿐이다. 하지만 열두 개의 돌을 통해 기억을 보존하고 하나
님의 능력을 신뢰하여 비전을 향하여 미래를 개척하는 사람들은 모든
역경을 이겨내고 승리할 수 있게 된다.

하나님의 능력을 기억하라

하나님께서 주신 비전을 이루는 삶의 여정은 하나님의 능력을 기억
하며 계속해서 하나님을 신뢰할 때 완성된다. 중간에 쓰러지고 넘어져
데마와 같이 하나님을 떠나면 아무 것도 이룰 수 없다.

> 데마는 이 세상을 사랑하여 나를 버리고 데살로니가로 갔고 (딤후 4:10a)

사도바울이 특별히 언급한 것으로 볼 때 데마는 사도바울의 좋은 동

역자였을 것이다. 하지만 그는 사도바울과 함께 비전을 이루는 삶을 살아가려다가 세상으로 떠나버렸다. 하나님을 신뢰하지 못했기 때문에 여러 어려움들이 생길 때 세상으로 가게 된 것이다. 열두 돌을 마음 속에 세우고 놀라운 일을 이루셨던 하나님의 능력을 기억하면 세상으로 가지 않을 수 있다.

하나님께서 주신 비전을 성취하는 여정에는 때로 어려움과 환난이 닥치기도 한다. 사탄의 방해도 있다. 그럴 때 우리는 우리를 구원하신 하나님의 사랑과 능력을 기억해야 한다. 우리에게 비전을 주시고 놀라운 능력으로 여기까지 이끌어 오신 것을 기억해야 한다. 그래야 넘실거리는 요단강과 같이 비전을 막아서는 여러 역경들을 이겨낼 수 있게 된다.

하나님께서는 사랑이 충만하시고 모든 능력에 뛰어나신 분이다. 하나님은 늘 우리의 삶을 주관하신다. 그 분의 능력을 우리의 삶 속에 드러내신다. 이스라엘 백성들의 주위에 살던 모든 나라들은 하나님께서 행하신 놀라운 일의 소식을 듣고 이스라엘을 두려워하였다.

> 요단 서쪽의 아모리 사람의 모든 왕들과 해변의 가나안 사람의 모든 왕들이 여호와께서 요단 물을 이스라엘 자손들 앞에서 말리시고 우리를 건너게 하셨음을 듣고 마음이 녹았고 이스라엘 자손들 때문에 정신을 잃었더라 (수 5:1)

하나님은 모든 왕들의 간담까지도 녹이시는 능력의 하나님이시다. 요단강을 가르신 하나님의 능력은 하나님께서 주신 비전을 이루어나가는 우리에게 모든 것을 가능하게 만드는 힘이다.

이제 문제는 우리에게 있다. 우리가 하나님께서 베푸신 놀라운 구원의 은혜에 감사하고 하나님께서 비전을 주셨던 것을 기억해야 한다. 그 비전을 이루는 여정 가운데 지금까지 허락하셨던 놀라운 능력을 계속해서 붙잡아야 한다. 그러면 비전을 이루는 여정은 완성되어 갈 것이다. 그러나 우리가 하나님의 능력을 기억하지 못하고 당장 앞에 있는 현실에 좌절하고 불평한다면 우리의 삶은 결코 비전을 향해 나아가지 못할 것이다. 광야에서 죽게 된 이스라엘 백성들과 같이 방랑하다가 인생을 마치게 될 것이다. 하나님께서 우리의 삶에 행하셨던 놀라운 일들을 기억하느냐 그렇지 않느냐는 비전을 이루는 데 가장 중요한 요소이다.

미래를 향해 나아가라

하나님께서 이스라엘 백성들에게 열두 돌을 세우라고 한 것은 결코 과거를 그리워하라는 것이 아니다. 기억을 바탕으로 세워진 분명한 정체성으로 비전을 향해 담대하게 나아가게 하시기 위함이다.

이스라엘 백성들이 요단강을 건넌 것으로 하나님께서 주신 비전이 완성된 것은 아니다. 이제 이스라엘 백성들은 자신들에게 이루셨던 크고 놀라운 하나님의 능력에 대한 기억을 바탕으로 새로운 역사를 만들어가야 한다. 그것은 가나안 땅을 정복하여 그 땅을 하나님을 섬기는 아름다운 땅으로 만들어가는 것이다. 나아가 그 땅을 발판으로 모든 민족에게 하나님의 영광을 드러내는 일이다.

> 이는 물이 바다를 덮음 같이 여호와의 영광을 인정하는 것이 세상에 가득함이
> 니라 (합 2:14)

비전을 향해 계속해서 나아가는 것은 쉬운 일이 아니다. 참으로 어려운 현실의 장벽들이 많이 나타나게 될 것이다. 주위의 반대도 있을 것이다. 스스로 절망에 빠질 때도 있을 것이다. 경제적인 어려움이 찾아올 수도 있다. 질병과 고통이 찾아올 수도 있다. 하지만 우리가 하나님의 놀라운 능력을 기억한다면 비전을 향하여 나아가는 길은 순탄한 승리의 길이 될 것이다. 하나님께서 과거에 행하신 일들을 회상하는 시간을 가지라. 하나님의 놀라운 능력을 기억하라. 우리는 담대해진다. 어떤 어려움과 위협에도 굴하지 않을 것이다. 하나님의 섭리를 믿고 하나님의 영광을 위해서 살아갈 수 있을 것이다. 기억은 미래를 위한 도약대이다. 아름다운 미래를 세워가기 위해서 늘 하나님을 기억해야 한다. 그 기억은 비전을 향한 싸움을 성공적인 것으로 만들어 줄 것이다.

마음 속에 열두 개의 돌이 있는가 생각해 보라. 하나님께서 과거에 하신 일을 기억할 수 있는 아이콘들이 있을 것이다. 그 아이콘들을 클릭해 보라. 하나님께서 어떤 일들을 행하셨는지 회상하라. 우리가 하나님께서 주신 비전을 이루어가는 행복한 사람이라는 것을 마음에 새기라. 망각하지 말라. 망각은 우리에게 실패를 가져다 줄 수 있다. 하나님의 신실하심에 대한 좋은 기억은 비전 성취를 위한 가장 아름다운 자산이다.

07
올바른 방법을 고수하라

올바른 방법을 추구하라

미국에서 가장 인기 있는 스포츠 중에 하나가 바로 야구이다. 세계의 모든 야구 선수들은 미국의 메이저리그에서 뛰는 것을 소망한다. 메이저리그는 야구 선수들이 자신의 꿈을 이룰 수 있는 최고의 무대이다. 그 최고의 무대에서 역사상 가장 많은 홈런을 친 선수가 있다. 바로 샌프란시스코 자이언츠 소속이었던 배리 본즈이다. 그는 2007년에 메이저리그 역대 최다 홈런 기록 보유자였던 행크 아론의 기록을 깨고 신기록을 세웠다. 최고의 투수들을 상대로 가장 많은 홈런을 친 배리 본즈는 야구계에서 가장 위대한 영웅이 되었다.

그러나 지금 그는 아무 팀에서도 원하지 않는 선수가 되었다. 그를 영웅이라고 생각하는 사람도 별로 없다. 최고의 영웅이 어떤 팀에서도 야구를 할 수 없는 초라한 패배자가 된 이유는 그가 부정한 방법을 사용했기 때문이다. 약물검사 결과 그는 근육을 강화하고 근력을 증가시키는 금지된 약물을 복용한 것으로 드러났다. 부정한 방법으로 만들어진 기록은 더 이상 의미가 없었고 위대한 기록으로 인정받을 수 없었다. 그는 최고의 영웅에서 나락으로 떨어졌다.

모든 사람들은 비전을 이루며 위대한 인생을 살고 싶어 한다. 그러한 소망은 열정을 불러일으킨다. 하지만 때로 무엇인가를 성취해야겠다는 생각이 지나치면 그것을 위해 부정한 방법도 마다하지 않게 된다. 부정한 방법을 사용해서라도 비전을 이루고자 마음먹는 순간 이미 우리는 인생에서 실패를 선택한 것이다. 부정한 방법으로 기업을 경영하다가 망하는 기업인이 얼마나 많은가? 많은 사람들이 처음에는 멋있는 인생을 살아가는 것처럼 보이지만 결국 부정이 드러날 때 몰락한다. 부정한 방법으로 자신의 꿈을 이루어보려는 수많은 사람들이 실패하는 것을 우리는 주위에서 잘 볼 수 있다.

우리가 성취에 급급하여 하나님의 말씀을 떠나 부정한 방법을 사용하기 시작하면 결국 실패한다. 올바른 방법으로 비전을 추구하지 않으면 결국 하나님께 인정받을 수 없다. 사람들도 존경하지 않는다. 비전을 따르는 사람들은 올바른 방법을 사용해야 한다. 비전은 우리의 명예를 위한 것이 아니다. 비전은 하나님의 영광을 위한 일이다. 나의 명예와 성취에 집착하면 부정한 방법을 사용하고 싶은 유혹이 찾아온다. 하나님께서는 유혹에 빠질 수 있는 이스라엘 백성들에게 특별한 명령을 주셨다.

다시 할례를 행하라

여호수아는 요단강을 건너 가나안 땅에 들어갔다. 그들은 오랫동안 고대하고 바라던 땅을 정복하기 위해 길갈이라는 곳에 진을 치고 주둔했다. 과거에 그들은 애굽에서 약 400년 동안의 노예생활을 했다. 이후 더욱 혹독한 40년간의 광야생활이 있었다. 그 오랜 시련을 끝내고 이제 드디어 비전을 성취할 땅에 들어가게 되었을 때 얼마나 사기충천해 있었을까? 그들은 이제 새로운 땅을 얻어 새로운 삶을 시작할 수 있다는 기대에 한껏 부풀어 있었다.

이스라엘 백성들은 정복해야 할 성읍 가까이에 진을 치고 있었다. 진격을 시작해도 괜찮을만한 좋은 상황이었다. 게다가 가나안 땅의 모든 왕들은 이스라엘 백성들이 요단강을 건너 자기의 땅에 들어왔다는 소식에 사기가 꺾이고 절망적인 상태가 되어가고 있었다. 전쟁의 승리가 이미 이스라엘 백성들에게 보장된 듯 했다.

전쟁에 타이밍이 중요하다는 것은 상식이다. 전략적으로 지금이 바로 진격해야 할 때가 아닐까? 놀라운 요단강의 기적과 새로운 땅에 대한 기대로 사기충천한 이스라엘 백성들과 사기를 잃고 두려워하고 있는 적들의 모습을 보면 지금이 전쟁을 시작하기에 매우 좋은 타이밍이라는 것을 알 수 있다.

> 요단 서쪽의 아모리 사람의 모든 왕들과 해변의 가나안 사람의 모든 왕들이 여호와께서 요단 물을 이스라엘 자손들 앞에서 말리시고 우리를 건너게 하셨음을 듣고 마음이 녹았고 이스라엘 자손들 때문에 정신을 잃었더라 (수 5:1)

새로운 땅을 향해 믿음으로 요단강을 건넌 여호수아는 그 어느 때보다도 강하고 진취적인 모습으로 승리를 향한 열정에 가득 차 있었다. 그 때 하나님께서는 모든 백성에게 할례를 행하라고 명령하셨다.

> 그 때에 여호와께서 여호수아에게 이르시되 너는 부싯돌로 칼을 만들어 이스라엘 자손들에게 다시 할례를 행하라 하시매 (수 5:2)

여기서 '그 때에'라는 말은 많은 것을 암시하고 있다. '그 때'는 이스라엘 백성이 믿음으로 요단강을 건너 새로운 땅을 정복하려는 기대를 가지고 헌신되어 있을 때이다. '그 때'는 요단강을 건넌 이스라엘 백성에 대한 소식을 듣고 가나안 땅에 두려움이 가득할 때이다. '그 때'는 바로 전쟁을 시작하면 이스라엘에게 승리가 주어질 것이 확실시 되던 때이다. '그 때'는 이스라엘이 꿈꾸어 왔던 모든 것을 이루고 승리할 수 있을 것 같았던 때였다. 오랫동안 기다렸던 때가 바로 '그 때' 였다.

모든 이스라엘 백성들이 새로운 땅을 정복하기에 매우 적절한 시기가 되었다고 생각하고 있을 그 때 하나님께서는 이상한 명령을 주셨다. 그것은 바로 할례를 행하라는 것이다. 하나님께서는 전략상 매우 중요한 시기에 여호수아를 통해서 너무나 뜻밖의 명령을 내리셨다. 그동안 광야에서 태어난 사람들이 할례를 받지 못했던 것은 사실이다. 하지만 중단되었던 할례 의식을 하필 전쟁을 치르려는 순간에 행하라는 것은 납득이 가지 않는다. 전쟁을 치를 남자들이 할례를 행하게 되면 치료와 회복의 기간이 필요하다. 그러면 전쟁에 적합한 시기를 놓칠 수도 있으며, 심지어 반격을 받아 패배에 이를 수도 있다. 전략적으로 따진다면 시기적으로 너무나 어울리지 않는 이러한 명령을 하나님께서 하신 이유는 무엇인가?

이스라엘 백성들이 애굽에서 나올 때 전쟁을 할 수 있었던 20세 이상의 장정들은 모두 하나님의 말씀에 불순종하고 비전을 버렸기 때문에 광야에서 인생을 마감했다. 그들은 하나님께서 주시기로 약속한 땅을 보지 못하게 되었다. 약속의 땅을 얻는 것은 지금 요단강을 건넌 자손들의 몫이 되었다. 그런데 문제는 광야에서 태어나 새로운 땅을 약속받은 이스라엘 자손들은 하나님의 백성이라는 징표였던 할례를 받지 못했다는 사실이다. 그들은 오랜 광야 생활 가운데 모두 할례를 받지 못했으므로 지금 여기서 할례를 받아야 한다는 것이다. 물론 하나님의 백성이 하나님 백성의 징표를 갖는 것은 중요하다. 그러나 지금 할례를 행하라? 이것이 납득이 되는 명령인가? 전쟁을 앞둔 지금 이 시기에 꼭 할례를 받아야만 하는가? 납득 할 수 없는 부분이 여전히 우리에게 남아있다.

할례의 진정한 이유

모든 일에는 시기가 있다. 그런데 왜 전략적으로 중요한 이 시기에 오히려 전쟁에 심각한 방해가 되는 할례를 명하는 것인가? 그것은 당장 전쟁에서 승리하여 비전을 이루는 것보다 더 중요한 것이 있었기 때문이다. 우리는 할례의 의미를 먼저 살펴보고 하나님께서 이 시기에 할례를 명하신 이유를 정확히 밝혀낼 필요가 있다.

할례라는 것은 남성의 생식기의 포피 일부를 잘라내는 의식이다. 당시 이방인들 사이에서도 위생상이나 다른 이유로 유사한 행위가 있었지만 이스라엘 백성들에게 할례는 특별한 의미를 가지고 있었다. 하나님께서 처음 할례를 명하신 것은 아브라함 시대였다. 하나님께서는 아브라함과 언약을 맺으신 후 언약의 징표로 아브라함 집의 모든 남자, 즉 아브라함의 자손과 그의 집안에 있는 모든 사람은 노예와 그 자식들까지도 모두 할례 받을 것을 명했다.

너희 중 남자는 다 할례를 받으라 이것이 나와 너희와 너희 후손 사이에 지킬
내 언약이니라 너희는 포피를 베어라 이것이 나와 너희 사이의 언약의 표징이
니라 (창 17:10-11)

하나님께서는 할례를 통해 선택하신 믿음의 자손들을 다른 나라의
백성들과 구분하셨다. 할례를 받는다는 것은 자신이 하나님께서 택한
믿음의 백성이라는 것을 몸에 새기는 것이다. 나아가 앞으로 하나님의
백성으로서 주신 말씀에 순종하며 살아갈 것을 결단하는 것이다. 즉 할
례는 하나님의 백성이라는 믿음의 고백을 자신의 몸에 새기며 하나님의
영광을 높이는 삶을 살아갈 것이라는 서약이다. 할례는 바로 이스라엘
백성들의 정체성을 각인하는 의식이었던 것이다.

할례의 의미를 살펴보니 전쟁을 치르기 직전인 상황에서 할례를 명
하신 하나님의 의도가 분명해진다. 하나님께서는 가나안 땅을 정복하는
비전을 성취하기 전에 하나님의 백성으로서의 정체성을 분명히 확인하
게 하셨던 것이다. 하나님의 비전을 소유한 사람들은 늘 자신이 하나님
의 백성임을 기억하고 하나님의 영광을 높이려는 마음을 끝까지 고수해
야 한다. 우리가 하나님의 백성이라는 정체성을 잃어버리고 성취에 급
급하게 되면 결국 올바른 방법을 고수하지 못하고 부정한 방법을 사용
하게 된다. 부정한 방법을 사용하면 하나님께 버림받고 사람들에게도
손가락질의 대상이 된다. 한국에는 훌륭한 교회와 지도자들이 많다. 기
독교인으로 사회에서 성공한 사람들도 많다. 그러나 신앙이 없는 사람

들에게나 심지어 성도들에게도 존경받지 못하는 사람들이 많다. 주된 이유는 성도에게 어울리지 않는 부정한 방법들을 사용해서 무엇인가를 이루려고 했기 때문이다.

하나님께서는 이스라엘 백성에게 전쟁의 승리를 주실 것이다. 마찬가지로 우리가 하나님께서 주신 비전을 향해 믿음으로 달려가면 성취를 주실 것이다. 하나님께서는 전쟁의 승리보다 할례를 명하셨다는 것을 꼭 기억하라. 이 명령은 비전을 이루어가는 우리들이 항상 정체성을 망각하지 말고 살아야 할 것을 가르치는 것이다. 만약 우리가 비전을 이루는 과정에서 정체성을 잃어버린다면 우리는 하나님의 말씀에서 벗어나게 될 것이며 부정한 방법을 사용하다가 하나님께 버림받는 불행한 노후를 맞이하게 될 것이다.

할례를 명령받은 이스라엘 백성들은 불순종으로 인해 약속의 땅에 들어가는 비전을 이루지 못하고 광야에서 죽은 사람들의 자손들이다. 그들의 조상들은 가나안 땅을 약속받았음에도 불구하고 불순종의 삶을 계속하여 결국 그 땅에 들어가지 못했다. 마찬가지로 요단강을 건넌 이 백성들이 전쟁에서 승리하여 새로운 땅을 얻는다 하더라도 이들이 하나님의 백성이라는 정체성을 잃어버리고 하나님께 순종하는 삶을 버릴 때 광야의 조상들과 다를 바 없게 될 것이다. 비전의 성취보다 중요한 것은 하나님의 백성이라는 정체성을 잃지 않고 늘 하나님의 영광을 위하여 선하고 올바른 방법을 추구하는 것이다. 그러면 당장에는 손해보고 실패하는 것 같아도 하나님의 도우심을 얻게 된다.

하나님께서는 하나님의 비전을 품고 살아가는 우리를 기뻐하신다. 우리에게 정말 중요한 것은 당장 목표한 것을 이루는 것이 아니다. 늘 주님 앞에 나아가 마음에 할례를 행하라. 하나님의 백성임을 마음에 새기라. 부정한 방법의 유혹을 끊어버리라. 하나님께 기도하며 올바른 방법만을 추구하라. 하나님께서 주신 비전은 하나님께서 이루어 가신다.

성취보다 과정이다

많은 전쟁을 승리로 이끌었던 로마의 황제 줄리어스 시저는 자신이 직접 전쟁기를 기록한 것으로 유명하다. 시저가 썼던 전쟁기를 보면 특이한 것이 있다. 그것은 전쟁의 준비를 다 갖추고 이제 전쟁을 치러야 하는 중요한 시점에서 느닷없이 상황에 어울리지 않는 이야기를 기록하고 있다는 것이다. 시저는 전쟁을 앞두고 자신이 정복하려는 그 지방의 풍속과 지형, 사람들의 모습을 자세히 묘사했다. 후대의 학자들은 이에 대해 '다른 장군들과는 달리 시저에게 있어서 전쟁의 목적은 단순히 싸움을 이기는 것이 아니라 궁극적으로 그 지방을 통치하는 것이었기 때문이다'라고 해석하고 있다.

우리에게는 이 세상에서 비전을 이루기 위해 당장의 목표를 성취하는 것보다 더욱 중요한 것이 있다. 그것은 바로 목표를 성취하고 난 이후의 삶에 대한 준비이다. 하나님께서는 우리에게 비전을 주셨고 우리는 하나님의 도우심으로 비전을 이루어갈 수 있다. 우리는 비전을 이루고 지금보다 훨씬 영광스러운 삶을 살아가게 될 것이다. 우리가 비전을 이루려는 목적은 우리의 영광과 높아짐을 위해서가 아니다. 이 세상을 하나님께서 통치하시는 땅으로 바꾸는 것이다.

나라가 임하시오며 뜻이 하늘에서 이루어진 것 같이 땅에서도 이루어지이다
(마6:10)

우리가 자신의 분야에서 비전을 성취하기 위해 목표를 달성하는 것은 매우 중요한 일이다. 하지만 그보다 더 중요한 것은 우리의 성공적인 인생을 통하여 하나님의 영광을 높이는 일이다. 그러기 위해 우리는 늘 성취보다는 과정을 중요하게 여겨야 한다. 얼마나 많은 기독교인들이 성공적인 인생을 살다가 하나님의 영광을 잊고 부덕한 일들로 교회와 예수님의 이름을 훼손하고 있는가? 비전의 성취는 결국 세상의 야망을 이루는 것과 다르다. 올바른 방법을 사용하는 선한 과정이 없다면 결과가 아무리 좋아도 결국 실패자로 기억된다. 자신의 유익을 위해 하나님의 영광을 더럽히면 우리의 삶은 자신의 야망을 위한 세상의 추악한 삶이 될 뿐이다. 당장 비전을 이루는 것보다 중요한 것은 비전을 이루는 과정에서 하나님의 방법대로 행동하는 것이다. 또한 비전이 성취되었을

때에도 여전히 하나님의 영광을 위해 살아가는 것이다.

　우리는 하나님의 백성이다. 할례의 명령을 통하여 하나님께서 우리에게 요구하시는 것은 비전을 이루는 목표에 집착하는 삶이 아니라 우리가 누구인지 기억하고 옳은 길을 가겠다고 서약하는 것이다. 우리의 삶은 하나님께 달려 있다. 비전의 진정한 성취는 하나님만이 주실 수 있다. 지금 우리 모두 마음의 할례를 행해야 한다. 자신이 누구인지 명심하고 올바른 방법으로 비전을 추구해 나가야 한다.

08
변화되어 성숙하라

변화가 필요하다

성경은 모든 인류의 삶이 죄에 종노릇하는 삶이라고 말한다. 이 말은
우리 모두가 원치 않는 죄악 가운데 살아간다는 것을 뜻한다. 아무리 훌
륭한 재능을 가지고 있고 아름다운 비전을 품었다 할지라도 죄악 가운
데 방황하는 삶이 계속된다면 어떠한 성취도 있을 수 없다. 하나님께서
새롭게 허락하신 삶의 비전을 이루기 위해서는 죄를 이기는 성숙한 삶
의 모습으로 변화되어야 한다.

우리나라에 유명한 찬양 사역자가 있었다. 그는 최고의 대학에서 공
부했고 넘치는 천재성으로 수많은 곡들을 작곡하며 교회에 매우 큰 영

향을 주었던 선교단의 대표였다. 그런데 지금은 오랫동안 이렇다 할 사역을 하지 못하고, 무성한 소문에 시달리고 있다. 그가 성적인 유혹을 이기지 못했기 때문이다. 그는 많은 사람들에게 은혜와 감동을 주는 위대한 사역자의 비전을 이루는 듯 했지만 그의 모든 비전은 산산조각이 나고 말았다. 그의 삶이 변화되지 않았기에 비전을 이룰 수 없게 된 것이다. 우리의 삶에 진정한 변화가 일어나지 않는다면 우리는 비전을 이루는 과정에 찾아오는 사탄의 시험을 결코 이길 수 없다. 결과적으로 하나님께서 주신 비전을 이루지 못하게 된다.

비전을 성취하려는 사람들은 자신의 이기적인 욕망을 채우려는 과거의 삶의 방식을 버려야 한다. 죄의 유혹에 쉽게 넘어지는 방황을 끝내야 한다. 이기적인 모습과 유혹에 흔들리는 모습은 성숙하지 못한 사람의 특징이다. 말세를 살아가는 우리들은 점점 더 이기적인 모습이 되어가고 있다. 넘쳐나는 세상의 유혹에 요동하고 있다.

> 너는 이것을 알라 말세에 고통하는 때가 이르러 사람들이 자기를 사랑하며 돈을 사랑하며 자랑하며 교만하며 비방하며 (딤후 3:1-2a)

> 이는 우리가 이제부터 어린 아이가 되지 아니하여 사람의 속임수와 간사한 유혹에 빠져 온갖 교훈의 풍조에 밀려 요동하지 않게 하려 함이라 (엡 4:14)

이러한 모습으로는 비전을 이룰 수 없다.

하나님께서 주시는 비전은 예수 그리스도의 십자가와 같이 모든 사람을 유익하게 만든다. 자기의 유익을 추구하고 재물과 명예를 추구하지 않는다. 비전을 이루기 위해서 우리는 이기적인 모습을 개혁해야 한다. 하나님께서 주시는 비전은 세상의 유혹에 흔들리는 나약한 모습으로는 이룰 수 없다. 우리는 어떤 유혹도 이겨낼 수 있는 경건하고 성숙한 성도로 변화되어야 한다. 우리는 이기적인 욕망을 떨쳐내고 세상의 유혹에 흔들리지 않는 성숙된 인격으로 훈련되어야 한다. 그래야 비전을 이룰 수 있다.

미성숙한 삶을 버리라

여호수아는 요단강을 건너 가나안 땅에 들어가 길갈이라는 곳에 진을 쳤다. 여호수아는 모든 이스라엘 백성들에게 할례를 행함으로 정체성을 확립했다. 이제 이스라엘 백성들은 가나안 땅을 하나님의 나라로 만드는 비전을 이루기 위한 정신적인 무장을 확고히 했다.

길갈은 '굴러간다'는 뜻이다. 이는 '죄악에서 방황하던 모든 수치스러운 삶이 사라지고(굴러가고) 진정한 하나님의 백성이 되었다'는 뜻을 내포하고 있다. 이제 이스라엘 백성들은 무엇을 먹을까 무엇을 마실까 염려하며 불평하는 모습을 버려야 한다. 이기적인 욕망과 유혹에 흔들리는 모습을 버리고 변화되어야 한다. 미성숙한 삶을 '굴려 버리고' 새롭게 되기 위해 어떻게 해야 하는가? 하나님께서는 여호수아와 그 백성들에게 세 가지의 변화에 대해 말씀하신다.

유월절을 지키다

이스라엘 백성들은 비전의 땅을 정복하기 전에 길갈에 정착하여 제일 먼저 유월절을 지켰다.

> 또 이스라엘 자손들이 길갈에 진 쳤고 그 달 십사일 저녁에는 여리고 평지에서 유월절을 지켰으며 (수 5:10)

유월절은 이스라엘 백성이 애굽에서 나올 때부터 하나님께서 매년 절대적으로 지키도록 명하신 절기였다.

> 아빕월을 지켜 네 하나님 여호와께 유월절을 행하라 이는 아빕월에 네 하나님 여호와께서 밤에 너를 애굽에서 인도하여 내셨음이라 (신 16:1)

하지만 이스라엘 백성들은 처음 애굽에서 나올 때 유월절을 지킨 이후로 잘 지키지 않았다.

유월절이란 히브리어로 '페사흐'라고 하는데 이 말은 '뛰다, 건너가다, 넘어가다'라는 뜻이다. 이는 하나님께서 이스라엘을 애굽에서 구원하기 위하여 애굽에 내린 열 가지 재앙 중에서 모든 집의 장자를 치는 마지막 재앙이 양의 피를 문에 바른 이스라엘 백성들의 집에는 임하지 않고 넘어간 데서 유래한 것이다. 영어로 유월절을 'The Passover'라고 한 것도 여기서 유래한 것이다.

유월절은 유대인들이 반드시 지켜야 하는 삼대 절기 중에 하나이자, 한 해의 가장 처음에 지키는 절기였다. 하나님의 은혜로 구원받은 것을 기념하기 위해 제정된 날이 바로 유월절이다. 유월절은 하나님께 구원받은 백성이라는 사실을 영원히 잊지 않고 살아가겠다고 다짐하는 날이었다.

이스라엘 백성은 항상 이 날을 기억해야 했다. 유월절은 무교절과 더불어 일주일동안 계속되는 축제였다.

> 유교병을 그것과 함께 먹지 말고 이레 동안은 무교병 곧 고난의 떡을 그것과 함께 먹으라 이는 네가 애굽 땅에서 급히 나왔음이니 이같이 행하여 네 평생에 항상 네가 애굽 땅에서 나온 날을 기억할 것이니라 (신 16:3)

하나님께서는 이스라엘을 구원한 날을 한 해의 시작이 되게 하라고 하셨다.

> 이 달을 너희에게 달의 시작 곧 해의 첫 달이 되게 하고 (출 12:2)

이는 유월절을 통해 하나님의 구원을 기억하는 것이 모든 신앙의 시작이요, 새로운 삶의 시작임을 뜻하기 때문이다.

이렇게 볼 때 이스라엘 백성이 길갈에 정착한 이후에 그곳에서 제일 먼저 유월절을 지켰다는 것은 매우 중요한 의미가 있다. 그들은 유월절을 통해 자신들이 하나님의 구원을 받은 백성임을 확신했다. 나아가 항상 자신들을 구원하신 하나님을 기억하면서 감사함으로 앞으로의 삶을 살겠다는 의지와 결단을 보인 것이다. 이처럼 하나님께서 우리를 구원하셔서 영원한 삶을 허락하셨다는 믿음을 고백하는 것이 바로 비전을 성취하는 위대한 인생의 시작이다.

우리의 삶은 늘 이러한 믿음의 고백으로 새로워져야 한다. 우리는 그리스도의 부활을 기념하고 감사하는 의미로 매 주일을 지키고 있다. 예배를 통해 우리는 자신이 구원받은 백성임을 확신하며 그분의 은혜에 보답하는 삶을 살도록 결단해야 한다. 육신의 몸으로 오셔서 우리 죄를 대신하여 희생의 제물이 되시고 우리에게 구원을 이루어주신 그리스도 앞에서 우리의 삶을 늘 갱신해 나가야 한다.

하나님께서는 우리가 이렇게 구원을 기억하고 구원받은 백성에 합당한 삶을 살아가기를 원하신다. 그러한 삶 속에서 하나님께서 주신 비전은 영글어가는 것이다. 과거에 이스라엘 백성이 광야에서 유월절을 지키지 않았기 때문에 그들의 삶이 방향을 잃고 흐트러진 것처럼 예배에 실패하고 하나님을 기억하지 못하는 삶은 아무것도 이루지 못하고 방황하는 삶이 되고 만다.

무교병과 볶은 곡식을 먹다

이스라엘 백성들은 유월절을 통해 자신들을 구원하신 하나님께 감사하고 죄악 가운데 방황하는 삶을 끝내기로 결단하였다. 이제 그들이 비전의 땅으로 들어가기 전에 했던 것은 유월절의 규례대로 누룩이 없는 무교병과 볶은 곡식을 먹는 것이었다.

> 유월절 이튿날에 그 땅의 소산물을 먹되 그 날에 무교병과 볶은 곡식을 먹었더라 (수 5:11)

하나님께서는 유월절 이튿날부터 일주일 동안을 무교절로 지켜 누룩 없는 빵과 쓴 나물을 먹으면서 애굽에서 나오던 때를 기억하게 하셨다.

무교병은 누룩이 없는 떡으로 맛이 없고 먹기가 나쁘다. 무교병은 고난의 떡이라고도 기록이 되어 있다.

> 여호와께서 자기의 이름을 두시려고 택하신 곳에서 소와 양으로 네 하나님 여호와께 유월절 제사를 드리되 유교병을 그것과 함께 먹지 말고 이레 동안은 무교병 즉 고난의 떡을 그것과 함께 먹으라 이는 네가 애굽 땅에서 급히 나왔음이니 이같이 행하여 네 평생에 항상 네가 애굽 땅에서 나온 날을 기억할 것이니라
> (신 16:2-3)

이스라엘 백성들은 무교병을 먹으면서 하나님의 구원과 자신들이 당한 고난을 상기했던 것이다.

이스라엘 백성이 누룩 없는 빵과 볶은 곡식을 먹은 것은 어떤 의미인가? 이것은 그들이 하나님의 구원을 감사하며 깨끗하고 정결한 삶의 모습을 다짐했다는 것을 뜻한다. 하나님의 비전을 이루는 그릇은 깨끗한 그릇이다. 세상의 쾌락과 즐거움을 소망하는 사람은 비전을 이룰 수 없다. 무교병과 쓴 나물을 먹으라고 명하신 하나님의 명령을 따라 정결한 삶을 살아야 한다.

성경에서 흔히 누룩은 죄에 비유된다. 누룩이 빵을 쉽게 부패하게 만들듯이 우리 안에 있는 죄악의 누룩은 우리를 죄악 가운데 부패하게 만든다. 이스라엘 백성들은 누룩 없는 빵을 먹으면서 과거의 죄악된 삶을 회개하며 경건한 삶을 하나님 앞에서 다짐했던 것이다. 사도바울은 고린도교회에 있었던 음행에 대해 언급하면서 그리스도의 피로 새롭게 된 우리는 악한 누룩을 제거해야 한다고 가르쳤다.

> 너희 중에 심지어 음행이 있다 함을 들으니 그런 음행은 이방인 중에서도 없는 것이라... 적은 누룩이 온 덩어리에 퍼지는 것을 알지 못하느냐 너희는 누룩 없는 자인데 새 덩어리가 되기 위하여 묵은 누룩을 내버리라 우리의 유월절 양 곧 그리스도께서 희생 되셨느니라 이러므로 우리가 명절을 지키되 묵은 누룩으로도 말고 악하고 악의에 찬 누룩으로도 말고 누룩이 없이 오직 순전함과 진실함의 떡으로 하자 (고전 5:1a, 6b-8)

작은 죄악의 누룩이 퍼지면 결국 우리 영혼 전체가 죄에 마비되고 만다. 우리의 삶에서 작은 죄악의 누룩이라도 경계하고 제거해야 하나님의 비전을 이루는 삶을 살 수 있다. 우리가 죄악 중에 방황했던 과거를 버리고 우리를 구원하신 주님의 십자가를 기억하면서 정결한 삶을 살아가면 비전은 성취되고 우리의 삶은 위대해지며 하나님께는 영광이 된다.

만나 대신에 그 땅의 음식을 먹다

이스라엘 백성들이 비전의 땅으로 들어가기 전에 나타난 마지막 변화는 만나를 먹는 대신에 그 땅의 음식을 먹은 것이다.

> 또 그 땅의 소산물을 먹은 다음 날에 만나가 그쳤으니 이스라엘 사람들이 다시는 만나를 얻지 못하였고 그 해에 가나안 땅의 소출을 먹었더라 (수 5:12)

새로운 땅에서 이제 만나가 그쳤다는 것은 주목할만한 변화이다. 하나님께서는 광야를 지날 때 이스라엘 백성들에게 만나를 내려주셨다. 만나는 하나님께서 이스라엘을 먹이시는 상징이지만 한편으로는 신앙의 미성숙을 나타내는 것이기도 하다. 사실 이스라엘 백성들이 40년 동안 만나를 먹었다는 것은 그들이 오랫동안 비전을 향해 나아가지 못하고 방황의 삶을 계속했다는 것을 의미한다. 만나는 성숙하지 못한 신앙생활을 계속하며 여전히 죄 가운데 방황하고 있는 백성들에게 하나님께서 내려주신 불가피한 보호하심이었던 것이다.

이제 만나가 그쳤다는 사실은 중요한 의미가 있다. 하나님께서는 이스라엘 백성들이 만나에 의지하는 광야의 방황을 끝내고 비전의 땅에서 하나님의 영광을 위해 살아가는 것을 원하셨던 것이다. 하나님의 보호하심만을 기대하며 자신의 죄악을 벗어버리지 않는 미성숙의 삶은 아무것도 이루지 못하며 아무런 의미도 없는 삶의 결과를 낳는다. 우리는 하나님의 영광을 위해 희생하는 성숙한 삶을 살아가야 한다. 하나님의 영광을 위한 삶이 결국 나를 위한 삶이 된다는 것을 기억하라.

성숙한 삶으로 변화하라

늘 현실의 어려움 때문에 하나님께 불평하던 삶을 버려라. 작은 시련 때문에 하나님을 원망하는 삶을 이제 청산하라. 하나님의 보호하심만을 기대하고 하나님의 영광을 위해 아무것도 하지 않는 삶을 끝내라. 적극적으로 하나님과 이웃을 섬기는 성숙한 삶을 실천하라. 이것이 바로 비전을 성취하는 삶의 시작이다. 우리를 구원하셔서 비전을 주신 하나님을 생각하라. 비전을 향해 헌신하라. 이것이 구원받은 인생이 이 땅에서 누릴 가장 큰 행복이다.

바울은 분쟁과 다툼을 일으키고 늘 불평하는 성도들을 빗대어 밥을 소화시키지 못해 젖을 먹는 성도라고 불렀다.

> 형제들아 내가 신령한 자들을 대함과 같이 너희에게 말할 수 없어서 육신에 속
> 한 자 곧 그리스도 안에서 어린 아이들을 대함과 같이 하노라 내가 너희를 젖으
> 로 먹이고 밥으로 아니하였노니 이는 너희가 감당하지 못하였음이거니와 지금
> 도 못하리라 너희는 아직도 육신에 속한 자로다 너희 가운데 시기와 분쟁이 있
> 으니 어찌 육신에 속하여 사람을 따라 행함이 아니리요 (고전 3:1-3)

성숙하지 못한 신앙은 자신의 유익만을 구한다. 하나님과 이웃보다는 항상 자신의 유익을 따져서 행동한다. 심지어 기도할 때에도 자신의 유익만을 구하며 세상의 탐욕을 추구한다. 이러한 신앙으로 비전을 이룰 수 없다.

성숙한 크리스천은 그리스도의 본을 따라 하나님과 이웃을 사랑하며 섬긴다. 자신의 유익을 구하지 않는다. 자신이 받은 재능과 은사로 이웃을 섬기며 그리스도의 몸인 교회를 세워간다. 이웃이 행복해지고 교회가 아름답게 성장한다. 세계의 구석구석이 그의 관심사가 되며 그의 지경은 넓어진다. 하나님께서는 비전이 이루어지도록 그를 돕는다.

유명한 석유왕 록펠러는 어머니의 신앙을 따라 하나님을 믿었다. 그는 하나님의 축복을 받아 44세 때 미국석유산업의 90%를 차지하는 석유연맹의 총수의 자리에 올랐다. 그는 이후 세계 제일의 부자가 되기 위해 오직 일에만 몰두했다. 일을 열심히 하는 것은 좋은 일이다. 하지만 자기 자신을 위해 돈을 버는 일에만 몰두하다보니 하나님과도 멀어져 갔다. 그는 53세 때 몸이 쇠약해지기 시작하여 몇 년을 넘기지 못할 것이

라는 의사의 말을 듣게 되었다. 록펠러는 변화되어 성숙하지 못했던 자신을 돌아보게 되었다. 자신만을 생각하던 과거를 버리고 성숙하기로 결심했다. 이제 자신을 위해서가 아니라 하나님과 이웃을 위한 삶을 살기로 결단했다. 그는 6천만 달러가 넘는 돈을 투자해 시카고 대학을 세운 이후 20개 이상의 대학을 설립하는 일에 물질을 헌신했다. 그는 리버사이드교회를 세운 이후 5000개 이상의 교회를 세우는 일에 헌신했다. 그는 자선 사업에 자신의 재산을 내놓았다. 그는 자신과 쾌락을 위해 살아가던 미성숙한 삶에서 벗어나 성숙한 삶을 추구함으로 세계 제일의 신앙의 가문을 세우게 되었다. 그의 후손들 중에는 미국을 빛내는 위대한 인물들이 셀 수 없을 정도로 많이 배출되었다.

하나님께서 만나를 그치신 것은 우리에게 자신만의 유익을 구하며 하나님께 불평하는 신앙을 버리고 세계를 향해 비전을 이룰 수 있는 성숙한 성도가 되라는 말씀을 주신 사건이다. 이제 이스라엘 백성들은 새로운 땅에서 경작한 식물을 하나님께 드리고 자신들도 스스로 먹을 것을 얻을 수 있었다. 그들은 스스로 경작한 식물로 가난한 이웃을 섬길 수 있었다.

비전 성취를 소망하는 우리는 성숙한 신앙인으로 성장해가야 한다.

우리가 다 하나님의 아들을 믿는 것과 아는 일에 하나가 되어 온전한 사람을 이루어 그리스도의 장성한 분량이 충만한 데까지 이르리니 이는 우리가 이제부터 어린 아이가 되지 아니하여 사람의 속임수와 간사한 유혹에 빠져 온갖 교훈

의 풍조에 밀려 요동하지 않게 하려 함이라 (엡 4:13-14)

성장하지 않는 신앙, 자기만을 생각하는 신앙을 가진 사람은 광야에서 방황하던 백성들과 같이 늘 흔들릴 수밖에 없다.

우리는 구원받은 하나님의 백성이다. 하나님께서는 자기 백성들이 방황과 불평으로 시간을 허비하는 삶을 살기를 원하지 않으신다. 자기 자신만을 위해 물질과 쾌락을 위해 삶을 허비하기를 원하지 않으신다. 이것은 정말 큰 낭비이다. 하나님께서는 우리가 성숙하게 되기를 바라고 계시며 그러한 삶의 변화가 더욱 비전의 땅에서 풍성한 열매를 맺게 해 주신다고 우리에게 말씀하신다.

이제 세상의 헛된 것들을 구하는 미성숙한 삶을 버리자. 하나님의 구원의 은총을 기억하고 세상 속에서 하나님과 이웃을 사랑하라는 말씀을 실천해 나가자. 그러한 성숙한 삶 속에 하나님께서 주시는 고귀한 비전의 성취가 있게 될 것이다.

09

삶의 현장을 거룩하게 하라

삶의 현장을 두려워하지 말라

우리는 매일 공부를 하거나 일을 해야 한다. 그것이 우리의 삶의 현장이다. 매일 계속되는 삶의 현장에는 같은 신앙을 가진 사람들 뿐만 아니라 다양한 생각과 성향을 가진 사람들이 존재한다. 우리는 이들과 관계를 맺고 살아가야 한다. 우리는 주어진 책임을 완수해야 한다. 다양한 상황 가운데서 일어나는 많은 감정들을 다스려야 한다. 만나고 싶지 않은 사람들과도 관계를 맺어야 한다. 성도들에게 삶의 현장이란 하나님께서 주신 비전을 이루어 나가기 위한 치열한 전쟁터이다.

부담을 느낄만한 힘든 일이 주어지지 않고 잔잔한 호수와 같은 마음의 평안이 유지되며 나를 사랑하는 아름다운 관계만 만나게 된다면 얼마나 좋을까? 하지만 하루도 그러한 날을 만나기 힘들 것이다. 현실을 도피하여 살아가지 않는 한 그런 삶은 불가능하다.

현대를 살아가는 성도의 하루를 생각해 보라. 거의 매일 우리는 비전을 인식할 새도 없이 아침부터 저녁까지 바쁘게 움직인다. 이른 아침 오전까지 급히 해결해야 할 중대한 문제 때문에 뒤척이던 선잠에서 깨어난다. 벌써 부담이 물밀듯이 밀려온다. 늦어서 급히 나가려는 차에 전화가 온다. 왜 일이 아직 다 되지 않았냐고 화를 내는 상사의 목소리가 새로운 날 아침 처음 받는 전화이다. 가뜩이나 일에 부담을 느끼던 차에 상사에 대한 증오심이 맥박을 불규칙하게 만든다. 유난히 출근길이 막힌다. 끼어드는 차량의 운전자에게 창을 열고 욕이라도 하고 주먹이라도 휘두르고 싶어진다. 빨리 가려고 서두른 탓에 땀이 나기 시작하고 새로 갈아입은 속옷이 땀에 젖는다. 가까스로 제 시간에 일터에 도착한다. 숨막히는 긴장과 부담속에서 다행히도 오전이 지나간다. 마음 같아선 다시 이런 일이 없는 곳으로 도망이라도 가고 싶은 심정이다. 그러나 오후에 할 새로운 일이 또 주어진다. 아직 시간이 조금 남아서 동료와 함께 커피를 마신다. 아침부터 있었던 힘겨운 시간을 생각하며 사직서를 쓰는 상상을 해 본다.

저녁에 예배가 있어서 교회에 간다. 하나님 말씀 앞에 서서 그제야 자신이 또 하루 동안 영적 전쟁에서 실패자가 되었다는 것을 깨닫는다. 자신에게 주어진 일에 감사하고 성실히 임해야 했는데 그러지 못한 것에 대해 후회한다. 하루 동안 수없이 더러운 감정을 토해냈던 나의 삶이 얼마나 추한지 절감한다.

우리의 삶에는 이러한 일들이 반복된다. 하나님께서 왜 이렇게 힘겨운 삶 속에 우리를 보내셨을까? 왜 우리에게는 늘 부담스러운 어려운 일들이 생기며 감정을 요동치게 만드는 일들이 생기는 것인가? 왜 우리는 만나기 싫은 사람들을 만나야 하는 현실 가운데 살아가야 하는 것인가? 왜 하나님의 말씀을 따라 원수까지도 사랑하며 살아야 하는가? 왜 우리는 이렇게 힘겨운 현실을 살아가면서 승리해야 하는 것인가? 그 이유는 바로 하나님께서 삶의 현장을 거룩하게 하시려고 우리를 세상에 보내셨기 때문이다. 하나님께서 보내신 삶의 현장은 우리가 비전을 이루는 터전이다. 우리의 비전은 죄로 가득한 삶의 현장에서 시작된다. 하나님께서 주신 비전은 궁극적으로 죄로 가득한 세상을 거룩하게 바꾸시려는 하나님의 뜻을 이루는 것이다. 삶의 현장이 치열하다고 불평하지 말라. 두려워하지 말라. 삶의 현장에서 일어나는 치열한 영적 싸움에 승리하며 그곳을 거룩하게 하는 것이 바로 우리가 비전을 이루는 길이다.

여리고 앞에 서다

이스라엘 백성들은 그들의 지도자 여호수아와 함께 비전의 땅 첫 번째 성인 여리고 앞에 섰다. 그들은 이 새로운 땅을 정복하기 위해 치열한 전쟁을 해야 하는 상황에 있었다. 그들이 앞으로 살아가야 하는 가나안 땅은 수많은 우상들이 유혹하는 곳이었다. 많은 영적 싸움이 기다리고 있는 땅이었다. 하나님께서는 가나안과 같이 우상 숭배와 죄악으로 물든 땅을 거룩하게 하시려고 이스라엘을 그 곳에 보내셨다.

하나님께서 주신 비전을 성취하려는 사람들은 모두 이스라엘 백성들과 같이 치열한 삶의 현장에 있다. 죄악된 세상 속에서 하나님의 부르심을 받아 그리스도인이 된다는 것 자체가 바로 영적 전쟁의 현장에 우리가 보내졌다는 것을 의미한다. 하나님을 향한 죄악으로 가득 찬 이 세상 속에 오늘도 우리가 존재해야 하는 이유는 우리가 서 있는 삶의 현장을 하나님의 말씀에 따라 거룩하게 해야 하기 때문이다. 나 자신을, 나의 가정을, 나의 직장을, 나의 지역사회를, 더 나아가서 나의 마음에 품게 하신 세상 곳곳을 하나님의 나라가 되게 해야 하는 것이다.

여호수아는 여리고에 가까이 서 있었다.

> 여호수아가 여리고에 가까이 이르렀을 때에 (수 5:13a)

사실 여리고는 이스라엘의 부강함을 위해 정복되어야 하는 땅이 아니라 하나님의 영광을 높이는 거룩한 땅으로 바꾸기 위해 정복되어야 하는 곳이었다.

네가 선 곳은 거룩하니라

여호수아는 여리고 가까이에서 앞으로 해야 할 일에 대해서 생각하고 있었다. 어떻게 주어진 전쟁을 감당할 것인가? 어떻게 이 땅을 정복하라는 명령을 완수할 것인가? 그는 생각에 잠긴 채 여리고를 향해 걷고 있었다.

그 때 여호수아는 한 사람을 발견한다. 그는 위협적인 모습으로 칼을 빼어 들고 여호수아를 마주보고 서 있었다. 그가 여호수아의 길을 가로막았다. 여호수아는 벌써 전쟁이 시작되었다고 생각했다. 여호수아는 그를 경계하면서 날카롭게 물었다.

너는 우리를 위하느냐 우리의 적들을 위하느냐 하니 (수 5:13b)

칼을 들고 서 있는 사람은 사실 하나님께서 보내신 존재였다. 하나님께서는 땅을 정복하는 큰 전쟁을 앞두고 있는 여호수아에게 마지막으로 말씀하실 것을 전하기 위해 그를 보내셨던 것이다. 그는 자신을 여호와의 군대 장관으로 소개한다. 그는 여호수아의 편도 적의 편도 아니었다. 그는 하나님의 뜻을 전하러 왔다. 그는 한마디의 말로 하나님의 뜻을 전했다.

> 여호와의 군대 대장이 여호수아에게 이르되 네 발에서 신을 벗으라 네가 선 곳
> 은 거룩하니라 하니 여호수아가 그대로 행하니라 (수 5:15)

이 말씀에 담긴 하나님의 뜻은 무엇인가? 지금 여호수아가 서 있는 땅과 앞으로 여호수아가 정복해야 할 땅은 우상 숭배와 죄악이 가득한 곳이다. 이방인들이 가득한 그 땅이 거룩하다는 것은 말이 되지 않는 것처럼 보인다. 하나님께서 그곳을 거룩하다고 하신 것은 앞으로 여호수아가 이루어야 할 비전이 바로 그 땅을 거룩하게 만드는 것이라는 의미를 담고 있다.

'거룩하다'라는 뜻의 히브리어는 '카도쉬'이다. 이 말은 원래 '잘라내다'라는 뜻을 가지고 있다. '거룩하다'라는 말은 어떤 존재의 본질적 속성을 의미하는 동시에 거룩한 용도로 구분되었다는 것을 의미한다. '하나님께서 거룩하시다'라고 말할 때는 거룩함이 하나님의 본질적 속성을 의미한다. 하지만 어떤 사람이나 사물이 거룩하다고 말할 때는 그 본래의 속성이 아니라 하나님을 위해 사용되려고 구분되었다는 의미를 갖는다. 따라서 여호수아가 선 땅이 '거룩하다'는 것은 그 땅이 '하나님의 영

광을 위해 세상으로부터 잘라 내어 구분된 것'이어야 한다는 의미를 가지고 있는 것이다.

하나님께서는 여호수아에게 이방인들이 살고 있는 가나안 땅을 더러운 땅이요 우상 숭배가 가득한 땅이라고 하시지 않고 거룩한 땅이라고 하셨다. 그 이유는 그 땅이 하나님의 영광을 위하여 거룩하게 구분되기를 원하셨기 때문이다. 하나님께서는 여호수아가 그 땅에 들어가서 우상 숭배와 죄악이 가득한 땅을 정복하여 하나님을 예배하는 거룩한 땅으로 바꾸기를 원하고 계셨던 것이다. 우리는 삶의 현장을 두려워하거나 회피해서는 안된다. 그것에 직면하여 치열하게 기도하며 거룩한 땅으로 바꾸어 나가야 한다.

삶의 현장을 거룩하게

하나님께서는 여호수아가 서 있는 죄악과 우상 숭배로 가득한 땅을 거룩한 땅으로 바꾸어 가기를 원하셨다. 주님은 이 시대에도 우리가 선 곳을 거룩한 곳으로 만들어가길 원하신다. 그것이 바로 우리를 구원하시고 새로운 인생의 비전을 주시는 목적이다. 우리가 하나님의 영광을 위해 선한 일을 행하며 하나님의 덕을 선전함으로 우리가 살아가는 삶의 영역이 거룩하게 구분되기를 원하시는 것이다.

우리는 이 세상을 거룩하게 하는 빛이어야 한다.

너희는 세상의 빛이라 (마 5:14a)

하나님께서는 예수 그리스도를 이 세상에 보내셔서 모든 죄로부터 우리를 구원하셨다. 이제 우리들에게 삶의 현장에서 거룩함을 이루어가도록 비전을 주셨다. 우리는 삶의 현장을 거룩하게 만드는 하나님의 군사이다. 비전은 바로 삶의 현장을 거룩하게 하는 군사로 살아가는 과정에서 성취된다.

우리는 날마다 일터로 나아간다. 수많은 사람들과 관계해야 한다. 우리가 일하는 모든 영역과 우리가 관계 맺는 모든 사람들이 바로 거룩하게 구분되어야 할 가나안 땅인 것이다. 우리는 비전을 이루는 과정에서 영적 전쟁을 치러야 한다. 우리는 영적 전쟁에서 승리하기 위해 하나님께서 비전을 주신 이유를 분명히 깨닫고 살아가야 한다. 하나님의 뜻을 저버리고 탐욕 가운데 살아가고 싶은 유혹을 이겨야 한다. 욕심은 죄를 낳고 사망에 이르게 한다. 우리의 탐욕을 성령님 앞에 내려놓고 거룩함으로 옷을 입어야 한다. 매일의 삶 속에서 이 죄악된 세상을 거룩한 곳으로 구분하기 원하시는 하나님의 뜻을 이루어가야 한다.

우리가 날마다 말씀과 기도 가운데 비전을 소망하는 것은 우리 자신의 안락함을 위한 것이 아니다. 비전을 이루기 위해 치러야 하는 영적 전쟁은 육신의 안락함을 위해 이기적으로 살아가려는 욕망과의 싸움이며 이웃을 사랑하지 못하고 용서하지 못하는 나와의 싸움이다. 사실 이 세상을 거룩하게 구분하려는 비전의 성취는 바로 내 안에 존재하는 세상에 대한 욕망과의 싸움에서 시작 되는 것이다.

탐욕을 버리고 세상의 죄악에 대항하여 거룩한 싸움을 싸우라. 우리를 통해 이 세상은 하나님의 나라가 되어갈 것이다. 어두움에 헤매던 영혼들이 하나님께로 돌아와 소망을 얻을 것이다. 기아에 허덕이며 교육의 기회조차 얻지 못하던 이들이 비전을 발견할 것이다. 술과 성적 쾌락과 마약에 사로잡혀 있는 젊은 세대들이 주님을 위한 용사로 변화될 것이다.

예수님처럼

예수님은 이 세상에 오셔서 삶의 현장을 거룩하게 하는 전쟁을 완벽하게 수행하고 승리하신 분이다. 그의 승리는 총칼의 승리가 아니었다. 자신의 욕망을 위해 수단과 방법을 가리지 않고 이루어 낸 승리가 아니었다. 그는 하나님께서 자신에게 주신 일을 완벽하게 이루어 내시고 다 이루었다고 말씀하셨다. 자신을 배신하고 죽이려는 수많은 상황들 가운데서 결코 평정심을 잃지 않았다. 기도함으로 그 모든 감정들을 제어하셨다. 예수님께는 끝까지 영혼들을 위해 기도하는 아름다운 감정들이 샘솟았다. 예수님은 유혹에 흔들리지 않았고 핍박에도 당당하셨다. 예수님께서는 자신이 이 세상에 오신 이유를 분명히 알고 계셨다. 끝까지 그 이유를 잊지 않고 싸우셨다. 예수님은 우리들을 끝까지 사랑하셨다. 우리들을 사랑하셔서 십자가에 죽으셨다. 예수님께서는 모든 영적 전쟁에서 승리하셨고 우리를 거룩한 백성으로 바꾸셨다.

맥스 루케이도의 책〈예수님처럼〉의 서두에 나오는 내용이다.

> 하나님은 당신을 있는 그대로 사랑하신다. 그러나 그대로 두시지는 않는다. 당신이 변화되기 원하신다

하나님께서는 우리를 변화시키시고 나아가 우리의 삶의 영역을 거룩하게 바꾸어 가시려고 지금도 우리를 영적 전쟁의 현장으로 보내신다. 우리는 죄악으로 가득한 이 세상에 함몰되어 죄를 더하는 삶을 중단하고 세상을 하나님의 영광이 나타나는 거룩한 곳으로 바꾸어가야 한다. 그것이 바로 우리가 비전을 성취하는 궁극적인 목적이다.

우리는 오늘도 죄악이 가득한 가나안에서 살아가고 있다. 하지만 이 땅이 바로 비전의 땅이다. 복음을 모르고 죽어가는 땅, 기아와 굶주림이 끊이지 않는 땅, 전쟁과 다툼이 그치지 않는 땅, 죄악이 가득하고 소망이 없는 땅, 이 땅이 바로 우리가 바꾸어야 하는 비전의 땅이다. 하나님께서 우리가 밟게 되고 보게 되는 이 모든 현장들을 거룩하게 하시기 위

해 오늘도 우리를 부르신다. 복음을 모르는 곳에 복음을 전하기 위해 우리를 부르신다. 돌봄이 필요한 곳을 섬기기 위해 우리를 부르신다. 죄악과 부정이 난무하는 곳을 깨끗하게 만드시기 위해 우리를 부르신다. 비전이 없는 사람들에게 비전을 주시기 위해 우리를 부르신다. 이것이 우리의 삶을 값지게 만드는 비전이요 사명이다.

죄악이 가득한 이 세상의 한복판에서 우리는 이 말씀을 꼭 기억해야 한다. '네가 선 곳은 거룩하니라' 우리의 발걸음이 닿는 모든 곳을 거룩하게 구분하기 원하시는 이 말씀에 따라 승리하는 삶을 살아가라. 그 과정에서 우리는 하나님께서 주신 비전이 이루어지는 놀라운 축복을 얻게 될 것이다. 여호수아는 하나님의 말씀을 따라 가나안 땅을 거룩하게 구분하여 위대한 인생을 살았다. 우리도 그의 뒤를 따라 위대한 삶을 소망해 보자.

10
무조건 순종하라

승리는 순종의 결과다

성경 특히 구약에는 엄청나게 많은 전쟁 이야기가 나온다. 유명한 왕 다윗도 수많은 전쟁을 치렀다. 그 중 골리앗과의 싸움은 잘 알려져 있다. 구약에 나오는 많은 전쟁들을 보면 항상 하나님을 섬기는 이스라엘은 승리하고 주변의 이방 나라들은 패배하는 것처럼 보인다. 하나님은 이스라엘만 돕는 잔인하고 편협한 분으로 여겨진다.

게다가 이스라엘의 승리에는 큰 살상이 뒤따르곤 했다. 우리는 하나님의 도우심으로 승리하는 이스라엘의 모습을 통해 소망을 발견한다. 하지만 많은 사람들을 죽였다는 성경의 기록은 때로 받아들이기 쉽지 않다. 신약에는 전쟁의 모습이 나오지 않기 때문에 이러한 전쟁을 이해하기가 더욱 어렵다. 오히려 예수님은 자기를 잡으러 온 사람의 귀를 칼로 내려 친 베드로의 행동을 책망하셨다.

이런 이유로 많은 사람들이 구약의 하나님과 신약의 예수님을 삼위일체 하나님으로 인정하지 않으려 했다. 적어도 구약의 하나님은 신약의 예수님보다 신답지 못하다고 생각했다. 나아가서 기독교의 경전인 성경과 삼위일체 하나님에 대한 믿음과 기독교 자체를 부인하려 했다. 우리 성도들은 성경 속의 전쟁을 어떻게 이해해야 하는가?

먼저 우리는 구약의 모든 전쟁들이 이스라엘의 무조건적인 승리는 아니었다는 점을 알아야 한다. 구약 이스라엘 백성들이 많은 전쟁에서 전세의 불리함에도 불구하고 승리한 것은 사실이다. 하지만 분명히 이길 수 있는 전쟁에서도 패배한 경우가 여러 번 있었다. 가나안 정복 전쟁중 아이성과의 전투라든지 엘리 제사장 시대의 블레셋과의 전쟁이 대표적인 예이다. 사실 구약의 역사는 이스라엘 백성들이 앗수르와 바벨론에 의해 멸망하는 역사이기도 하다.

하나님께서는 무조건 이스라엘 백성들의 편을 들어 승리하게 하시지 않았다. 구약의 모든 전쟁은 하나님께서 선택하신 이스라엘 백성들이 '하나님께 순종할 때' 승리하는 전쟁이었다. 반면에 이스라엘 백성들이 하나님께 순종하지 않을 때에는 엄청난 패배가 뒤따랐다. 하나님께서는 세상 모든 백성들을 우상을 버리고 하나님께 순종하는 자녀로 삼기 위해 많은 전쟁을 명하셨던 것이다.

한 가지 더 이야기 한다면 이방 백성들을 죽이라는 명령은 잔인한 명령이 아니라는 것이다. 구약 시대에 하나님께서 이방인들을 죽이라고 명하신 것은 인류를 멸망으로 몰아가는 죄와 싸우라는 뜻이다. 죄와 싸우는 전쟁에서 많은 사람들이 죽은 것은 하나님의 잔인함을 드러내는 것이 아니다. 오히려 인류를 영원한 죽음으로 인도하는 죄를 근절하고 영원한 구원을 허락하시기 위한 섭리의 과정이었다. 하나님께서는 이스라엘 백성들에게 사람들을 죽이고 물건을 약탈하라는 명령을 하신 것이 아니다. 하나님께서는 이방인들의 우상 숭배와 도덕적 죄악과 싸우지 않고 그들의 문화와 관습을 받아들여 동일하게 되는 것을 금하셨던 것이다. 나아가 예수 그리스도를 통해 이방 백성들까지도 구원을 얻는 백성이 되게 하려는 계획을 가지고 전쟁을 명하셨던 것이다.

하나님께서 구약 시대에 주신 율법에는 이웃을 사랑하고 보살펴야 하는 공동체적 책임이 포함되어 있다. 구약 율법의 핵심 정신은 사랑이며 신약의 예수님의 말씀과 일치한다. 실제로 예수님께서도 자신이 율법을 폐하러 온 것이 아니라 완성하러 왔다고 하셨으며, 구약의 율법을 '하나님과 이웃에 대한 사랑'으로 요약하셨다. 예수께서 십자가에서 모든 인류의 죄를 위해 죽으신 이후 이방인을 죽이라는 명령은 사라졌다. 이방인을 죽이라는 명령은 세상의 모든 죄와 싸우기 위해 한 민족을 선택하셔서 일하시던 구약 시대에만 적용되는 명령이다. 이제 모든 성도와 믿음의 공동체는 나라와 민족을 초월하여 세상의 죄악과 싸워야 한다.

예수님은 우리를 거룩한 백성으로 만들기 위해 십자가에서 죽으셨다. 예수님은 죽기까지 순종하신 것이다. 이제 우리는 거룩한 백성이 되어 순종의 삶을 살아야 한다. 이것이 비전을 성취하는 신앙인의 삶의 방식이어야 한다.

우리는 제사장이다

하나님께서는 이 세상의 수많은 나라들 가운데 이스라엘을 택하셨다. 하나님께서 이스라엘 백성을 택하시고 모세를 통해 이렇게 말씀하셨다.

> 너희가 내 말을 잘 듣고 내 언약을 지키면 너희는 모든 민족 중에서 내 소유가
> 되겠고 너희가 내게 대하여 제사장 나라가 되며 거룩한 백성이 되리라 너는 이
> 말을 이스라엘 자손에게 전할지니라 (출 19:5b-6)

죄악으로 가득 찬 이 세상 가운데 선택 받아 하나님이 소유하신 백성이 되며 믿지 않는 이방인들에게 하나님을 전하는 제사장 나라가 되었다. 이것이 현대를 살아가면서 하나님의 비전을 따라가는 우리 모두의 정체성이다. 우리는 죄악 중에 진노의 자녀로 살아가다가 이제 하나님

의 택하심과 그리스도의 속죄 사역과 성령의 부르심으로 새로운 피조물

이 되었다. 성경은 우리가 구원받아 그리스도인이 된 이유에 대해 말한

다.

> 우리는 그가 만드신 바라 그리스도 예수 안에서 선한 일을 위하여 지으심을 받
> 은 자니 이 일은 하나님이 전에 예비하사 우리로 그 가운데서 행하게 하려 하심
> 이니라 (엡 2:10)

우리는 이 세상 가운데서 그리스도의 선한 일을 위하여 새롭게 창조

된 사람들이다. 구약 시대에 이스라엘이 열방 중에 부르심을 받은 나라

가 되었던 것처럼 우리는 그리스도의 은혜로 부르심을 받아 새로운 피

조물이 되었다.

신약성경은 새롭게 창조된 그리스도인에 대해 이렇게 말한다.

> 그러나 너희는 택하신 족속이요 왕 같은 제사장들이요 거룩한 나라요 그의 소
> 유가 된 백성이니 이는 너희를 어두운 데서 불러 내어 그의 기이한 빛에 들어가
> 게 하신 이의 아름다운 덕을 선포하게 하려 하심이라 (벧전 2:9)

우리는 과거 하나님께서 이스라엘 민족을 부르셔서 그들에게 주셨던

사명과 똑같은 사명을 이 시대에 받고 있다.

우리는 하나님의 제사장이다. 우리는 이 땅의 모든 백성들을 하나님

께로 인도하는 사명이 있다. 그 사명에 순종해야 한다. 하나님의 아름

다운 덕을 온 세상에 알리기 위해 선한 싸움을 싸워야 한다. 여호수아가 여리고성을 무너뜨린 이야기를 통해 비전을 성취하는 승리의 비결을 찾아보도록 하자.

견고한 성 여리고

이스라엘 백성들이 정복하고자 한 여리고 성은 가나안 땅의 첫 성이었고 매우 견고한 성이었다. 고고학적 발굴을 통해 드러난 여리고 성은 예루살렘에서 동북쪽으로 약 30Km 떨어진 지점에 위치해 있었다. 크기는 가나안의 많은 성읍 중 중간 정도였다. 여리고 성은 가파른 경사지의 정상에 위치하고 있었고 성벽은 이중으로 되어 있었다. 여러가지 장애물들이 자연적인 방어벽 구실을 하고 있었기 때문에 공격이 거의 불가능한 곳이었다. 잘 훈련된 군사들도 많이 있었다. 높은 곳에 있는 망대에서 멀리 있는 적군의 동태까지 파악 할 수 있었으므로 정복하기가 거의 불가능한 요새였다. 하나님께서 정복하라는 성읍은 이렇게 막강했다. 사람의 생각으로는 도저히 무너질 수 없는 성읍이었던 것이다.

하지만 여리고는 무너졌다. 어떻게 가장 강한 성이었던 여리고가 무너졌는가? 어떻게 이스라엘 백성들은 완전한 승리를 거뒀는가?

승리는 하나님의 약속

여호수아는 승리에 대한 확신을 가지고 비전의 땅으로 가고 있었다. 그 이유는 자신의 비전이 하나님께로부터 온 것임을 믿었기 때문이었다. 하나님께서 주신 비전은 하나님께서 이루어가신다.

> 여호와께서 여호수아에게 이르시되 보라 내가 여리고와 그 왕과 용사들을 네 손에 넘겨 주었으니 (수 6:2)

사실 여리고성을 무너뜨리는 승리는 이미 하나님의 뜻이었다. 따라서 승리에 대한 확신은 너무나 당연한 것이었다. 만약 우리의 비전이 하나님께서 주신 것이며 하나님의 영광을 위한 것이라면 승리를 의심하고 주저할 필요가 전혀 없다. 승리는 하나님의 약속이기 때문이다.

우리가 비전을 이루는 과정에서 아무리 세상의 강한 권세와 싸워야 할지라도 하나님의 뜻대로 싸우고 있다면 승리를 확신해야 한다. 우리 자신을 의지하고 욕심을 위해 싸울 때에 확신은 사라진다. 하지만 우리가 하나님께서 주신 비전을 따라 세상과 싸울 때는 하나님께서 능히 이길 수 있도록 전쟁을 주도하신다. 상황을 볼 때는 이길 수 없다고 여겨질지라도 전능하신 하나님께서 싸우실 것을 확고히 믿어야 한다.

우리가 영적 전쟁의 현장에서 만나는 싸움의 대상이 불의를 행하는 세상의 권세이건 쾌락을 향한 세상의 유혹이건 그 대상은 이길 수 없는 것처럼 강하게 보이는 것이 사실이다. 하지만 예수께서 우리의 죄악을 사하시기 위해 죽으셨고 보혜사 성령을 보내어 우리로 세상을 이기게 하신다.

> 그러나 이 모든 일에 우리를 사랑하시는 이로 말미암아 우리가 넉넉히 이기느니라 (롬 8:37)

우리가 비전을 이루는 것은 혼자 하는 일이 아니다. 자신의 노력만으로 비전을 이룰 수 있는 사람은 없다. 우리는 성령께서 늘 우리와 동행하시고 도와주신다는 것을 믿어야 한다. 그리스도께서는 이 세상의 모든 죄를 위해 죽으심으로 우리를 구원하셨다. 지금도 우리를 위하여 간구하신다. 비전을 향하여 나아가는 이들이여 승리는 하나님의 약속임을 한 순간도 잊지 말라.

무조건 순종하라

여호수아는 하나님께서 여리고성을 정복하게 하실 것이라는 약속을 받았다. 이것은 비전을 이루는 일에 꼭 필요한 과정이었다. 하지만 객관적으로 볼 때 여호수아가 이끄는 백성들은 그 성을 무너뜨릴만한 힘이 없었다. 게다가 하나님께서는 순종할 수 없는 것을 명령하셨다.

> 너희 모든 군사는 그 성을 둘러 성 주위를 매일 한 번씩 돌되 엿새 동안을 그리
> 하라 제사장 일곱은 일곱 양각 나팔을 잡고 언약궤 앞에서 나아갈 것이요 일곱
> 째 날에는 그 성을 일곱 번 돌며 그 제사장들은 나팔을 불 것이며 제사장들이
> 양각 나팔을 길게 불어 그 나팔 소리가 너희에게 들릴 때에는 백성은 다 큰 소
> 리로 외쳐 부를 것이라 그리하면 그 성벽이 무너져 내리리니 백성은 각기 앞으
> 로 올라갈지니라 하시매 (수 6:3-5)

하루에 한 바퀴씩 여리고성을 육일 동안 돌고 마지막 날에 일곱 바퀴를 돌아라. 그 후에 제사장들이 나팔을 불 때 큰 소리로 외치면 성이 무너질 것이다. 이러한 비현실적인 명령을 듣게 되었을 때 이스라엘 백성들의 마음은 어떠하였을까? 강력한 무기로 싸워도 이길 수 없을 것같이 보이는 여리고성이 간단히 무너질 수 있을까? 여호수아와 그의 백성들은 이런 의구심에 마음을 빼앗길 수도 있었다. 하지만 그들은 그 말씀에 순종했다. 놀라운 승리가 그들에게 주어졌다.

우리가 비전을 이루기 위해 나아갈 때 때로는 하나님 말씀보다는 나의 상식으로 행동해야 될 것 같은 순간이 많이 찾아온다. 정직하게 말하기보다 거짓말을 해야 될 것 같은 상황이 많이 있다. 신앙의 양심대로 행동하기보다 관행에 따라 해오던 대로 부정한 방법을 사용해야 옳을 것 같은 때도 많이 있다. 하지만 상식적으로 이해가 가지 않는 방식이라 하더라도 하나님의 말씀에 무조건적으로 순종하는 것이 승리하는 비결이다.

하나님께서는 때로 납득할 수 없는 명령을 통하여 전쟁의 승리를 이

루신다. 우리는 늘 우리의 경험과 생각대로 행동하려는 경향을 가지고 있다. 하나님께서 주신 말씀도 내 생각에 납득이 될 때만 순종하려 한다. 주님의 말씀은 때로 우리의 생각과 다를 때도 있다. 나에게 손해가 될 때도 있다. 하지만 주님의 말씀대로 행동해야 한다. 우리의 비전은 하나님께서 주신 것이다. 하나님께서 주신 비전은 내 생각대로 이루어지지 않는다. 당장 손해가 되는 것 같고 우리의 생각과 다르더라도 말씀에 무조건적으로 순종하는 것이 비전을 이루는 삶의 비결이다.

예수께서 말씀하셨다.

> 누구든지 제 목숨을 구원하고자 하면 잃을 것이요 누구든지 나를 위하여 제 목숨을 잃으면 찾으리라 (마 16:25)

어떻게 목숨을 잃으면 찾게 되는가? 이해가 가는가? 또 예수께서 말씀하셨다.

> 만일 하루에 일곱 번이라도 네게 죄를 짓고 일곱 번 네게 돌아와 내가 회개하노라 하거든 너는 용서하라 하시더라 (누가복음 17:4)

어떻게 한 번 용서하기도 힘든데 일곱 번이나 용서할 수 있는가? 이게 현실적으로 말이 되는 이야기인가? 또 예수께서 말씀하셨다.

> 둘째는 이것이니 네 이웃을 네 자신과 같이 사랑하라 하신 것이라 이보다 더 큰

계명이 없느니라 (막 12:31)

어떻게 내가 아닌 남을 나 자신처럼 사랑할 수 있단 말인가? 말씀은 늘 우리의 상식과 어긋난다. 말이 안되는 것처럼 보인다.

그러나 승리의 비결은 나의 생각을 꺾고 말씀에 순종하는 데 있다. 히브리서 11장에 보면 믿음으로 순종하여 이 세상에서 영적 전쟁에 승리한 많은 믿음의 선조들이 기록되어 있다. 노아는 믿음으로 방주를 예비하였고, 아브라함은 이삭을 하나님께 드렸고, 모세는 공주의 아들이라 칭함을 거절하고 하나님의 백성과 고난을 받는 것을 택했다. 모두 순종할 수 없는 일에 순종하였다. 비전을 이루는 삶은 주님 말씀대로 순종하지 않고 얻을 수 없다. 무조건 순종하라. 하나님의 미련함이 우리의 지혜로움보다 높다.

11
감추어진 탐심을 제거하라

밤벌레의 비유

가을 단풍이 아름답게 펼쳐진 산에 오르는 것은 참 즐거운 일이다. 그 중에서도 밤이나 감과 같은 열매들이 가득한 가을 산에 오르는 것은 참 즐겁다. 밤송이가 주렁주렁한 나무가 가득한 산에서 잘 익은 밤들을 따서 모으는 것은 특별한 체험이다. 그런데 밤송이를 벗겨내고 밤톨을 모으다 보면 이상한 점을 발견하게 된다. 분명 껍질에는 아무 구멍도 없고 흠집도 없는데 밤송이를 벗겨보면 밤톨에 큰 벌레 구멍이 있는 경우가 많다. 어떻게 벌레가 구멍도 없이 밤송이 안으로 들어갔을까?

밤벌레는 밤송이가 생기기 이전에 꽃에 알을 낳고 그 알이 밤송이 안에서 부화한다. 밤송이 안에서 부화된 벌레는 밤송이의 보호를 받으며 열매의 양분을 먹고 무럭무럭 자란다. 밤송이 안에 감추어져 보호된 벌레는 사람의 눈에 띄지 않게 성장하여 후에 열매를 망쳐버리는 것이다. 밤송이 안에 감추어진 벌레는 눈에 보이지 않는다. 하지만 그것이 밤농사를 완전히 망가뜨리고 마는 것이다. 그러므로 밤을 재배하는 농부들은 이미 밤꽃이 피기 이전부터 벌레를 방제하기 위해 약을 뿌리는 수고를 한다. 그렇게 미연에 벌레가 생기는 것을 막음으로 농부들은 풍성한 소출을 얻을 수 있다. 은밀히 보이지 않는 곳에서 밤농사를 망치는 밤벌레는 우리의 인생을 은밀히 망치는 탐심에 비유될 수 있다.

실패의 원인은 탐심이다

이스라엘 백성들은 강한 성읍 여리고와의 전쟁에서 큰 승리를 거두었다. 하나님께서 그들을 승리로 인도하셨다. 겉으로는 모든 것이 완벽해 보였다. 이스라엘의 승리와 더불어 지도자 여호수아의 명성도 하늘을 찌를 듯 했다.

> 여호와께서 여호수아와 함께 하시니 여호수아의 소문이 그 온 땅에 퍼지니라
>
> (수 6:27)

풍성한 가을의 소출과 같이 그들의 업적은 화려했고 이제는 모든 것이 잘 될 것만 같았다.

다음으로 정복할 아이성은 정탐꾼들이 보기에 너무나 쉽게 정복 할 수 있는 성읍이었다. 정탐꾼들은 모든 군대가 전쟁에 나갈 필요도 없이 약 이삼천의 군대만 보내면 쉽게 승리할 수 있다는 의견을 제시하였다.

> 여호수아가 여리고에서 사람을 벧엘 동쪽 벧아웬 곁에 있는 아이로 보내며 그들에게 말하여 이르되 올라가서 그 땅을 정탐하라 하매 그 사람들이 올라가서 아이를 정탐하고 여호수아에게로 돌아와 그에게 이르되 백성을 다 올라가게 하지 말고 이삼천 명만 올라가서 아이를 치게 하소서 그들은 소수이니 모든 백성을 그리로 보내어 수고롭게 하지 마소서 하므로 (수 7:2-3)

비전의 땅은 이미 정복된 것과 다름이 없어 보였다. 하지만 결과는 너무나 달랐다. 이스라엘 군대는 아이성과의 전투에서 완전히 패하고 많은 사상자를 낸 채 후퇴하고 말았다. 큰 승리를 경험했던 이스라엘 군대의 사기는 완전히 꺾여버렸다. 여호수아와 그 백성들은 너무나 큰 충격에 빠지고 말았다.

이런 이해할 수 없는 패배의 원인은 무엇인가? 겉보기에는 아무 문제가 없었는데, 도대체 무엇이 문제였는가? 지도자 여호수아에서부터 모든 백성들은 패배의 원인을 알 수 없었다. 여호수아는 옷을 찢고 머리에 티끌을 무릅쓰고 하나님 앞에 엎드렸다. 도저히 이해할 수 없는 패배를 놓고 하나님 앞에 기도했다. 곧 이스라엘 백성들은 자신들의 패배가 어디서 왔는지 알 수 있었다. 그것은 탐심을 이기지 못하고 하나님께 바치라고 한 물건을 취했기 때문이었다. 하나님의 비전을 성취하려는 백성들이 자신의 탐심을 버리지 못할 때 큰 문제가 발생하게 되는 것이다.

밤 열매를 망치는 벌레의 경우에서 볼 수 있듯이 비전을 성취하는 우리의 인생에서 잘 보이지 않는 곳에 숨어 우리의 삶을 파멸로 몰아가는 것이 있다. 그것은 바로 우리 안에 은밀히 감추어진 탐심이다. 여호수아와 그 백성들은 여리고를 정복했다. 비전의 땅을 정복해 나가는 이스라엘 백성들은 성공의 길을 걷고 있는 것 같았다. 하지만 그들은 쉽게 정복할 수 있는 작은 아이성을 정복하는데 실패 했다.

> 백성 중 삼천 명쯤 그리로 올라갔다가 아이 사람 앞에서 도망하니 아이 사람이
> 그들을 삼십육 명쯤 쳐죽이고 성문 앞에서부터 스바림까지 쫓아가 내려가는
> 비탈에서 쳤으므로 백성의 마음이 녹아 물 같이 된지라 (수 7:4-5)

하나님께서는 이스라엘 백성들이 여리고를 정복하기 전에 그 성에서 아무것도 취하지 말라고 명령했다. 그들의 정복의 목적이 재물에 있는 것이 아니라는 것을 강조하신 명령이었다. 하지만 여리고에서 자신을 위해 은밀히 물건을 취한 사람이 있었다. 그가 바로 아간이다.

> 아간이 여호수아에게 대답하여 이르되 참으로 나는 이스라엘의 하나님 여호
> 께 범죄하여 이러이러하게 행하였나이다 내가 노략한 물건 중에 시날 산의 아
> 름다운 외투 한 벌과 은 이백 세겔과 그 무게가 오십 세겔 되는 금덩이 하나를

보고 탐내어 가졌나이다 보소서 이제 그 물건들을 내 장막 가운데 땅 속에 감추
었는데 은은 그 밑에 있나이다 하더라 (수 7:20-21)

아간의 말에서 핵심을 짚어보면 이렇다. '내가... 보고 탐내어 가졌나
이다... 땅 속에 감추었는데...' 아간은 하나님께 바쳐야 할 것을 보고 탐
이 나서 그것을 스스로 가졌고 들킬 것을 두려워하여 땅에 감추었다. 아
무도 아간의 안에 있는 탐심을 몰랐다. 그러나 그 탐심 때문에 풍성한
승리를 거두었던 이스라엘 백성들이 큰 패배를 겪게 되었다. 이처럼 탐
심은 감추어진 폭탄과 같이 우리의 삶을 파멸로 몰아갈 수 있다.

하나님께서 주신 비전을 이루려는 꿈을 가지고 살아가는 우리가 탐
욕에 빠져서 하나님의 영광을 가로채면 파멸로 치닫게 된다. 하나님께
서는 이스라엘 백성들에게 하나님의 것을 도적질하면 이스라엘 백성들
자신이 제물이 되어 바쳐질 것이라고 이미 경고하셨다. 이스라엘 백성
은 하나님의 경고에도 불구하고 탐심으로 하나님 앞에 범죄하고 말았던
것이다.

탐심의 위력을 깨달으라

하나님께서는 탐심을 가장 싫어하신다. 탐심은 인간이 하나님의 은

총을 누리지 못하게 되는 근본적인 원인이다. 인류가 최초로 죄를 범하게 된 것도 아담과 하와의 탐심 때문이었다. 하나님께서는 아담과 하와에게 한 가지 열매만을 제외하고 세상의 모든 아름다운 것을 허락하셨다. 아담과 하와는 하나님의 말씀에 순종하면서 모든 하나님의 은총을 누릴 수 있었다. 하지만 아담과 하와는 하나님께서 금하신 나무의 열매를 탐하였다. 사단은 뱀을 통해 '하나님이 금하신 열매를 먹으면 하나님과 같이 될 수 있다'고 유혹했다. 이 말에 그들의 탐심은 절정에 이르렀다. 탐심은 인간이 하나님의 자리를 넘보는 엄청난 죄악과 우상숭배라는 인류 역사를 낳고 말았다.

이처럼 탐심은 하나님께서 인류에게 주시는 모든 축복을 파멸로 몰아가는 무서운 것이다. 우리에게 멋진 비전이 있고 그것을 이룰 수 있는 능력이 있더라도 탐심이 사라지지 않는다면 결국 실패하는 인생이 될 수밖에 없다. 탐심은 우리의 비전을 자신의 탐욕을 채우는 일로 바꾸어 버린다. 탐심은 우리의 재능을 하나님의 영광을 위해서가 아니라 자신의 욕망을 위해 사용하게 만든다.

> 그러므로 땅에 있는 지체를 죽이라 곧 음란과 부정과 사욕과 악한 정욕과 탐심이니 탐심은 우상 숭배니라 (골3:5)

탐심은 우리가 하나님을 섬기지 않고 우상을 숭배하는 것과 마찬가지의 결과를 가져온다. 하나님께서 가장 진노하시는 것이 무엇인가? 하나님 외에 다른 신을 섬기는 것이다. 탐심은 바로 자기 자신을 섬기는 것이다. 하나님께서 아무리 많은 물질과 재능과 좋은 환경을 주셨다고 해도 탐심을 버리지 못하면 자신을 섬기는 우상숭배를 하게 되는 것이다. 탐심은 비전을 이루어야 할 삶 전체를 실패로 몰고가는 요소이다.

탐심의 특성

탐심이 무서운 것은 그 안에 속이고 감추는 특성이 있기 때문이다. 이스라엘 백성들은 아간의 탐심을 알지 못했다. 탐심은 속이고 감추기 때문이다.

> 이스라엘이 범죄하여 내가 그들에게 명령한 나의 언약을 어겼으며 또한 그들
> 이 온전히 바친 물건을 가져가고 도둑질하며 속이고 그것을 그들의 물건들 가
> 운데에 두었느니라 (수7:11)

아간은 하나님께 바친 물건을 탐하여 취했다. 아간이 몰래 도둑질하여 취한 것은 드러나지 않았다. 아무도 모르게 그의 재물이 되었다. 속이고 감추었기 때문이다. 여기서 '속이고'라는 말은 진실을 왜곡하여 그럴 듯하게 꾸며대는 것을 말한다. 아간이 탐심을 가지고 재물을 취했다는 사실 자체보다 속이고 감췄다는 것이 더욱 무서운 것이다. 우리 안에

있는 탐심이 무서운 이유는 다른 사람을 속이기 때문이다. 하나님의 영광을 위해 하는 것처럼 속인다. 사람들은 모른다. 탐심으로 얻은 것들을 감춘다. 탐심은 파멸에 이를 때까지 계속된다. 드러날 때까지 남들을 속이기 마련이다. 성적인 탐심을 가진 사람에게 그 탐심이 무서운 이유는 속일 수 있기 때문이다. 하나님께서 파멸에 이르게 할 때까지 계속 속이게 된다. 그래서 탐심은 자기 파멸적이다. 탐심을 가진 자는 그것이 나쁜 것이라는 하나님의 경고와 양심의 소리를 듣지만 자신의 욕망을 주체하지 못하고 하나님의 말씀과 양심의 소리를 무시한다. 양심이 탐심을 공격하므로 탐심은 더욱 깊이 감추어진다. 그렇게 탐심은 비전을 이루려는 우리의 삶을 완전히 망가뜨리는 것이다.

감추어진 탐심을 제거하라

우리 주변에는 하나님을 위해 비전을 이루려는 것처럼 속이면서 탐심을 추구하는 사람들이 많이 있다. 그중에는 많은 이단의 교주 들도 있고 존경을 받는 기독교 지도자들도 있다. 탐욕은 하나님께서 끌어내 드러나게 하신다.

우리는 위대한 인생을 살기 위해 마음 깊이 감추어진 탐심의 뿌리를 드러내 제거해야 한다. 겉으로는 풍성한 축복을 얻은 것 같고 많은 업적들을 남기고 사람들의 칭송을 받았던 그리스도인의 삶이 초라한 결말로 끝나는 경우가 매우 많다. 그것은 바로 밤벌레를 제거하지 못하여 열매를 다 망치는 것처럼 마음속에 있는 탐심의 싹을 미연에 잘라 버리지 못했기 때문이다. 누구나 우리 안에는 탐심이 있다. 그 탐심을 감추지 말고 드러내고 회개해야 한다. 탐심을 가지고 살아가면 반드시 하나님의 심판을 받기 때문이다.

마음 안에 있는 탐심을 제거하기 위해 우리는 늘 말씀을 통해 자신을 돌아보고 기도를 통해 하나님의 뜻을 구하여야 한다. 인간을 속일 수는 있지만 하나님을 속일 수는 없다. 하나님께서는 모든 것을 다 알고 계신다. 얄팍한 속임수로 탐심을 속이고 감추며 잠시 성공적인 삶을 살아갈 수는 있다. 그러나 그 인생의 결말은 처참하게 된다.

예수님께서는 사람에게로 들어가는 것, 즉 사람이 먹는 것이 사람을 더럽게 하는 것이 아니라 사람에게서 나오는 것이 사람을 더럽게 만든다고 하셨다.

> 또 이르시되 사람에게서 나오는 그것이 사람을 더럽게 하느니라 속에서 곧 사람의 마음에서 나오는 것은 악한 생각 곧 음란과 도둑질과 살인과 간음과 탐욕과 악독과 속임과 음탕과 질투와 비방과 교만과 우매함이니 이 모든 악한 것이 다 속에서 나와서 사람을 더럽게 하느니라 (막 7:20-23)

그리스도인의 삶을 더럽게 만들고 실패하게 만드는 것은 모두 우리 마음속에 숨어 있다가 죄악으로 발현되는 탐심이다. 우리는 하나님 앞에서 우리의 마음속에 있는 탐심을 진실하게 드러내야 한다. 속이고 감추는 행동은 우리를 파멸로 이끄는 것임을 명심해야 한다.

하나님께서는 우리에게 말씀하신다.

> ... 그 온전히 바친 물건을 너희 중에서 멸하지 아니하면 내가 다시는 너희와 함께 있지 아니하리라 ... 너희가 그 온전히 바친 물건을 너희 가운데에서 제하기까지는 네 원수들 앞에 능히 맞서지 못하리라 (수7:12-13)

탐심으로 취한 물건이 우리에게 있는 한, 우리의 더러운 삶의 흔적들을 우리가 제거하지 않는 한 하나님께서는 우리와 함께 하시지 않을 것이며 우리는 세상과 맞서 승리하며 비전을 이루어 갈 수 없을 것이다.

하나님 앞에 사람 앞에 속임수와 위장으로 탐심을 감추며 나아가는 우리의 삶을 개혁해야 한다. 하나님께 순전한 마음을 가지고 자신 안에 있는 탐심을 고백하라. 그 탐심을 불사르라. 단순히 회개하는 것을 넘어서서 탐욕으로 인한 과거의 죄악들을 돌이키라. 속이고 감춘 것들을 하나님 앞에 순전히 내어 놓을 때 하나님께서는 우리를 위해 일하실 것이다. 그렇게 우리의 비전은 성취되어 갈 것이다.

12
끝까지 비전을 완수하라

끝까지 최선을 다하라

세계적으로 유명한 미국의 여류 심리학자 조이스 브라더스 박사는 '성공하는 사람들이 공통적으로 지니는 한 가지 특징은 끈기다'라고 말했다. 무슨 일을 하든지 끈기를 가지고 끝까지 하는 사람이 성공할 수 있다는 것은 불변의 진리이다. 우리는 흔히 갑자기 아무 노력없이 하룻밤 사이에 성공한 사람도 있다고 생각하기 쉽지만 그런 사람은 이 세상에 없다. 에디 캔터는 '하룻밤 사이에 성공을 이루기 위해서 20년의 시간이 걸리는 법이다'라고 말했다.

신앙생활에서나 인생 전체에서 이것은 불변의 진리이다. 무슨 일을 하든지 끝까지 열심을 다해야 한다. 하나님께서 우리에게 원하시는 것은 바로 이러한 끈기 있는 행동이다. 하나님께서 주신 비전을 이루는 삶은 마치 축구 경기와 같다. 축구 경기에서 상대편은 항상 우리를 이기려고 끝까지 노력한다. 처음에 골을 넣었다고 해서 경기가 끝나는 것이 아니다. 경기가 종료되어 완전한 승리가 주어질 때까지 상대편 골을 향하여 뛰지 않으면 우리는 패배한다. 내가 경기를 하다가 쉰다고 해서 상대방도 쉬지는 않는다. 하나님께서 주신 비전을 이루기 위해 우리는 끝까지 최선을 다해서 뛰어야 한다. 우리가 끝까지 뛰지 않으면 사탄은 우리가 이룰 비전을 무너뜨리려고 열심을 다할 것이다. 꼭 기억하라. 우리가 쉰다고 해서 사탄도 쉬는 것은 아니다.

아직 정복하지 못한 땅

이제 이스라엘 백성들은 여러 큰 전투에서 승리했다. 비전의 땅은 거의 정복되어가고 있었다. 이제 이스라엘 백성들은 각 지파별로 땅을 분배받아 아직 정복하지 못한 땅을 얻기 위해 끝까지 전투에 임해야 했다. 여호수아는 땅을 분배하기 시작하면서 '얻을 땅이 매우 많이 남아 있도다'라고 말했다. 우리의 비전은 영원한 것이다. 비전은 결코 우리의 삶이 끝나기 전에는 끝나지 않는다. 우리의 비전은 계속 진행형 이다.

왜 이스라엘 백성들은 아직 정복하지 못한 땅을 끝까지 정복해야 하는가? 이 정도면 성공한 것이니 전쟁을 끝내도 되는 것 아닌가? 우리가 생이 마감될 때까지 비전을 이루기 위해 사명을 완수해야 하는 이유는 다음과 같다.

> 너희가 요단 강을 건너 가나안 땅에 들어가거든 그 땅의 원주민을 너희 앞에서 다 몰아내고 그 새긴 석상과 부어 만든 우상을 다 깨뜨리며 산당을 다 헐고 그 땅을 점령하여 거기 거주하라... 너희가 만일 그 땅의 원주민을 너희 앞에서 몰아 내지 아니하면 너희가 남겨둔 자들이 너희의 눈에 가시와 너희의 옆구리에 찌르는 것이 되어 너희가 거주하는 땅에서 너희를 괴롭게 할 것이요 나는 그들에게 행하기로 생각한 것을 너희에게 행하리라 (민 33:51b-56)

하나님께서 이스라엘 백성에게 비전의 땅을 주셨다. 계속해서 남은 땅을 정복해 나가야 하는 이유는 무엇인가? 그 땅을 계속 정복해 나가지 않으면 그 땅을 다시 빼앗기게 될 것이기 때문이다. 만일 이스라엘 백성이 가나안 땅의 거민을 그 땅에서 완전히 몰아내지 않고 그들이 섬기던 우상을 남겨 두면 그 남겨둔 거민들이 눈에 가시와 옆구리의 찌르는 것이 될 것이다. 눈에 가시와 옆구리에 찌르는 것이 된다는 것은 무슨 의미인가? 그것은 이스라엘 백성들이 가나안 사람들의 유혹에 넘어가 우상을 섬기고 세상의 방식을 따라가게 될 것이며 결국 신앙이 깨어지고 세상의 욕심을 따라 타락하여 멸망하게 될 것이라는 뜻이다.

이스라엘 백성들은 아직 남아 있는 땅을 정복하기 위해 계속해서 싸워야만 했다. 그것은 하나님께서 주신 비전을 이루기 위함이며 동시에 믿음의 백성들이 신앙을 지켜 영원히 축복된 인생을 살아가기 위함이었다. 우리의 생이 끝나기 전에 비전을 향한 경주를 끝낸다면 우리의 비전은 온전히 성취되지 못한다. 모든 노력은 물거품이 되고 만다.

하나님께서 주신 비전을 이루는 삶을 살려면 끝까지 비전에 헌신해야 한다. 우리의 삶을 마칠 때까지. 만약 적당히 이루었다고 해서 비전을 이루기 위한 헌신을 멈추게 된다면 우상과 탐욕이 우리 안에 들어와 우리의 삶을 다시 원점으로 돌리고 말 것이다.

정복하지 못한 이유

하나님께서는 여호수아에게 가나안 모든 땅을 정복하고 그 땅을 하나님의 거룩한 땅으로 만들 것을 명하셨다. 이것은 우리가 감당해야 할 힘겨운 사명인 동시에 우리에게 삶의 의미를 가져다주는 축복된 비전이다. 여호수아는 이스라엘 백성에게 정복된 땅을 분배 하였다.

그런데 이상한 점이 있다. 그것은 가나안 땅의 곳곳에 정복하지 않고 남겨둔 백성들이 여전히 살고 있었다는 기록이다.

그술 족속과 마아갓 족속은 이스라엘 자손이 쫓아내지 아니하였으므로 그술과

마아갓이 오늘까지 이스라엘 가운데에서 거주하니라 (수 13:13)

예루살렘 주민 여부스 족속을 유다 자손이 쫓아내지 못하였으므로 여부스 족속이 오늘까지 유다 자손과 함께 예루살렘에 거주하니라 (수 15:63)

그들이 게셀에 거주하는 가나안 족속을 쫓아내지 아니하였으므로 가나안 족속이 오늘까지 에브라임 가운데에 거주하며 노역하는 종이 되니라 (수 16:10)

그러나 므낫세 자손이 그 성읍들의 주민을 쫓아내지 못하매 가나안 족속이 결심하고 그 땅에 거주하였더니 이스라엘 자손이 강성한 후에야 가나안 족속에게 노역을 시켰고 다 쫓아내지 아니하였더라 (수 17:12–13)

이스라엘 백성들은 가나안의 많은 족속들을 쫓아내지 않았고 또 쫓아내지 못하기도 했다. 이스라엘 백성들이 이렇게 많은 지역들을 정복하지 못하고 그들과 더불어 살아가게 된 이유는 첫째로 몇 개의 성읍은 정복하기 어려운 지형에 있거나 힘이 강했기 때문이었고, 둘째로 종살이를 시키며 함께 살면서 유익을 얻으려고 일부러 내쫓지 않았기 때문이었다.

정복하지 못한 결과

이스라엘 백성들은 이렇게 끝까지 남은 땅을 정복하라는 명령을 따르지 않고 가나안 사람들과 함께 살아갔다. 점차 가나안 주민들은 강성해졌고 우상을 숭배하는 자신들만의 삶의 방식을 고수하였다. 그러다가 이스라엘 백성들에게 우상을 숭배하도록 유혹했다. 어떤 족속들은 스스로 강한 힘을 키워서 이스라엘 사람들을 조금씩 몰아내며 땅을 회복하기도 했다. 비전의 땅은 그렇게 조금씩 상실되어 갔다.

사사기를 통해 우리는 비전의 땅을 계속 정복하지 않은 결과 어떤 일이 벌어졌는지 보게 된다. 이스라엘 백성들이 완전한 정복을 뒤로 미룬 결과 그 땅 전역에서 가나안 백성이 강성해졌을 뿐 아니라 심지어 아모리 사람은 단지파를 산지로 쫓아내기까지 하였다.

> 아모리 족속이 단 자손을 산지로 몰아넣고 골짜기에 내려오기를 용납하지 아니하였으며 (삿 1:34)

이스라엘 백성들은 지도자 여호수아가 살아있을 동안에는 신실하게 하나님을 섬겼다.

> 백성이 여호수아가 사는 날 동안과 여호수아 뒤에 생존한 장로들 곧 여호와께서 이스라엘을 위하여 행하신 모든 큰 일을 본 자들이 사는 날 동안에 여호와를 섬겼더라 (삿 2:7)

하지만 여호수아가 죽고 나서 어느덧 자신들과 함께 사는 가나안 거민들의 삶과 문화에 동화되어 우상을 섬겼다.

그 결과 이스라엘 백성들은 가나안 땅을 하나님이 다스리시는 거룩한 비전의 땅으로 만들기는커녕 스스로 이방인들과 더불어 하나님께 범죄하기 시작하였다.

> 여호와의 종 눈의 아들 여호수아가 백 십 세에 죽으매 무리가 그의 기업의 경내
> 에브라임 산지 가아스 산 북쪽 딤낫 헤레스에 장사하였고 그 세대의 사람도 다
> 그 조상들에게로 돌아갔고 그 후에 일어난 다른 세대는 여호와를 알지 못하며
> 여호와께서 이스라엘을 위하여 행하신 일도 알지 못하였더라 (삿 2:8–10)

하나님께서는 이미 가나안 거민들을 남겨 두면 그들이 가시가 되어 이스라엘을 괴롭힐 것이라고 경고하셨다. 하지만 이스라엘 백성들은 그 경고를 기억하지 못하고 땅을 정복하는 일에 소홀했다. 그렇게 일찍 샴페인을 터트린 결과 그들은 비전의 땅을 잃어버리고 죄에 빠져들고 말았다. 정복하지 않은 작은 땅의 거주민들이 오히려 이스라엘 백성들을 타락시켜 하나님의 축복으로부터 멀어지게 하는 무서운 결과를 낳게 된 것이다.

여호수아의 죽음 이후 사사들이 통치하던 시기는 이스라엘 역사 가운데 신앙적으로나 도덕적으로 가장 혼탁한 시기였고 죄악이 극에 달했던 시기였다. 그 시대에 이스라엘은 주변의 나라들에 시달리고 약탈을 당했다. 이러한 혼란의 원인은 무엇인가? 그것은 바로 정복하지 않은 땅에 있었다.

비전을 이루는 과정에 성취가 있다고 해서 스스로 만족해서는 안 된다. 이스라엘 백성들에게 정복된 땅을 분배한 것은 계속해서 비전의 땅을 확장해 나가라는 의미였다. 하지만 이스라엘 백성들은 남은 땅을 정복하지 않고 비전을 추구하지 않았다. 그 결과 이스라엘 백성들은 가나안 사람들과 같이 하나님을 버리고 세상의 풍요를 누리고 싶은 욕망에 사로잡혀 우상을 섬기게 되었다. 그들은 자신들에게 하나님보다 더 매력적으로 자신들의 욕구를 채워줄 것 같은 신을 섬기고 싶은 유혹을 떨쳐버리지 못했다. 입으로는 하나님을 부르면서 실제로는 탐욕스러운 삶을 살았다. 쾌락에 빠진 백성들의 윤리와 도덕은 땅에 떨어졌다. 탐욕에 사로잡힌 백성들은 가난한 사람과 이웃을 버렸다. 믿음의 공동체는 어느덧 우상을 숭배하는 가나안 사람들을 따라 멸망의 길을 가고 있었다. 지도자들은 타락 했고 종교지도자들은 신앙을 버렸다. 백성들의 도덕적 타락은 극에 달했다. 가정이 깨어지고 사회가 삭막해졌다. 하나님께서는 그들을 징계하지 않을 수 없었다. 이것이 바로 끝까지 사명의 땅을 정복하지 않고 세상의 유혹에 빠진 결과였다. 비전을 끝까지 따라가지 않는 사람의 삶은 이렇게 변한다. 이것이 바로 나이가 들면서 성취를 이룰 때 찾아오는 비전상실증후군이다.

우리가 정복하지 못한 땅

한국은 교회로 넘쳐나는 나라이다. 도처에서 찬송 소리가 들린다. 하지만 여전히 우리가 정복하지 못한 땅이 많이 남아 있다는 것을 인정하지 않을 수 없다.

하나님께서는 대한민국을 하나님의 나라가 되게 하시기로 작정하시고 오래전 이 땅에 하나님의 백성들을 보내셨다. 선교사들을 통한 복음 전파가 이 땅에 시작된 이후 신앙의 선배들은 전통종교를 고수하던 동족들에게 핍박을 당했다. 일제의 총칼 앞에 죽임을 당했다. 그러면서도 그들은 신앙을 지켰다. 그들은 질병과 가난과 핍박을 이겨내면서 이 땅을 하나님의 나라로 만들기 위해 최선을 다했다.

그들은 이 나라를 하나님의 땅으로 만들기 위한 비전을 가지고 사회의 각 영역에서 최선을 다해 살았다. 독립운동, 임시정부활동, 교육과 계몽, 문학과 예술의 영역에 이르기까지 비전을 가진 자들은 소수였지만 늘 강력했다. 19세기 말에서 20세기 초반에 걸쳐 우리 나라는 열강들의 틈바구니 속에서 매우 어려운 상황에 처해 있었다. 그 때 3만 5천 명밖에 되지 않았던 우리의 선배 기독교인들은 이 땅을 하나님의 거룩한 뜻이 이루어지는 땅으로 만드는 가운데 장렬하게 순교해 갔다. 이제 우리나라는 엄청난 수의 십자가를 자랑하는 나라가 되었다.

얼마 전에 아버지인 대천덕 신부의 대를 이어 한국에서 통일을 위해 사역하는 벤 토레이 신부를 만났다. 내가 그에게 한국은 세계에서 미국 다음 두 번째로 많은 선교사를 보내는 나라가 되었는데 미국 선교사들의 희생 덕분이라고 감사를 표했다. 그랬더니 그는 인구대비로는 한국이 미국보다 더 많은 선교사를 파송하고 있다며 화답했다. 확실히 이 땅은 비전의 땅이 되었다. 미신이 물러가고 하나님께 소망을 둔 백성들이 많아졌다.

하지만 언제부터인지 이 땅은 남은 땅을 정복하는 비전을 잃어가고 있는 것 같다. 세계에서 가장 큰 교회들이 이 땅에 세워졌고 천만 이상의 기독교인이 살고있는 이 땅에서 기독교는 영적 주도권을 가지고 사회를 이끌지 못하고 있다. 신앙은 혼탁해지고 교회는 비판의 대상이 되고 있다. 가정은 파괴되고 음란한 문화가 땅을 뒤덮고 있다. 소수의 잘 알려진 교회들의 타락과 난무하는 이단들로 교회의 위신이 땅에 떨어졌다. 기독교인들조차도 신앙으로 자신들의 욕망 만을 채우려 하고 있다.

그 이유는 무엇인가? 우리는 언제부턴가 이 땅과 북한과 세계를 비전의 땅으로 여기지 않고 있다. 이 땅을 거룩하게 하려는 비전을 상실했다. 자기 교회만 잘 꾸미고 행복하면 그것으로 만족하는 교회들이 많아졌다. 그런 교회에 다니는 개인들도 마찬가지이다. 좋은 학교 나오고 좋은 배우자 만나고 자식들 잘 키우는 것이 우리의 자랑이 되었다.

세상을 변화시키려는 비전을 가지고 있는 성도들을 찾아보기 어려워졌다. 교회들은 그러한 비전을 젊은 세대들에게 심어주는 일에 실패했다. 의사가 되는 것과 공무원이 되는 것이 최고의 축복이 되었다. 그리스도의 사랑을 전하기 위해 세상을 섬기며 복음의 감동을 주는 의사를 지망하는 사람을 말하는 것이 아니다. 나라를 더 아름답게 만들기 위해 애국하는 마음으로 공무원을 지망하는 사람들을 말하는 것이 아니다. 그저 안정된 수입으로 인생을 편안하게 살아 보자는 비전 없는 젊은이들이 이 땅에 가득한 것을 말하는 것이다.

이 땅의 후세대 기독교인들이 이렇게 비전을 상실하고 안락함을 누리려 한다면 교회와 나라의 운명은 불을 보듯 뻔하다. 우리가 비전을 품고 세상을 정복해 나가지 않는다면 죄 가운데 불행한 인생을 살게 될 것이다. 우리 각자는 자신의 영역에서 이웃과 나라와 세계를 향해 비전을 품고 이 세상을 하나님이 다스리시는 곳으로 만들어가는 일에 최선을 다해야 한다.

어느덧 우리 주변에는 세상과 타협하는 신앙이 자리잡았다. 세상의 가르침을 가지고 복음을 포장하는 교회들이 많이 생겨났다. 우리는 믿지 않는 자들을 복음으로 바꾸려 하기보다 적당히 그들과 공존하려 하고 있다. 우리는 이 세상의 쾌락과 부정한 일들을 당연한 것으로 여기며 믿지 않는 자들과 함께 즐기고 있다. 우리는 세상의 영향을 받으며 정체성을 잃어가고 있다. 진리보다는 신비한 현상으로 성도들을 현혹하는 교회들이 세력을 키워가고 있다. 세상의 삶의 방식과 문화가 우리를 점령하고 있다. 기독교가 오히려 세상의 유혹에 점령당하여 타락의 늪에 빠져드는 사사기의 역사가 지금 재현되고 있다.

우리가 이 세상을 거룩한 땅으로 바꾸기 위하여 비전을 품고 나아가야 한다. 세상과 타협한 신앙을 버려야 한다. 타락의 늪으로 빠져 드는 이 세상을 다시 회복시켜야 한다. 우리 각자가 비전을 이루기 위해 정복해야 할 삶의 방식은 무엇인가?

먼저 물질만능주의적인 생활 태도이다. 우리는 정말 물질만을 바라는 세대가 되었다. 어떻게 하든 많이 소유하고 많이 소비하는 것이 최고의 미덕이 되었다. 돈만 벌 수 있다면 사람들에게 키스도 판매하는 사회 속에 살고 있다. 우리는 그 속에서 물질로 모든 것을 판단하는 오류를 범하고 있다. 연세대의 한 교수의 분석에 따르면 지금 한국에서 제일 많이 늘어나고 있는 인간형은 물질만을 최고의 가치로 여기고 10억 만들기와 웰빙에 몰두하는 '물질주의적 신봉건형 인간'이라고 한다. 우리 안에 바로 이러한 삶의 방식이 들어와 모든 영적인 소원들을 파괴하고 비전을 상실하게 만들고 있는 것이다.

다음으로 타락한 성문화이다. 현대 사회의 발달된 매체들을 통하여 사탄은 타락한 성문화를 주입했다. 기독교인들 역시 영화와 인터넷 매체들을 통해 자신도 모르는 사이에 성경적 윤리를 잃어버리고 있다. 한 연예인에 의한 간통죄 위헌 소송이 이런 단면을 보여주고 있다. 가정을 깨뜨리는 범죄가 개인의 행복추구를 방해하는 것이라는 소송이 이 땅에서 진행되고 있는 것이다. 이러한 어처구니 없는 일들이 인권과 개인의 자유를 지킨다는 명분을 앞세워 떳떳하게 사회 이슈로 등장하고 있을 정도로 이 땅은 타락해가고 있다.

마지막으로 다원주의 사상이다. 이 세상에 진리는 다양하다고 주장하는 다원주의 사상은 포스트모던 시대에 부합하는 사상이다. 이것은 서로를 인정하는 상호존중의 사상인 것처럼 보인다. 하지만 다원주의 사상은 진리이신 예수님과 복음을 무너뜨리려는 사탄의 계략이다. 다원주의 사상은 예수께서 전한 복음이 상대적인 것이며 많은 진리들 중 하나라고 주장한다. 결과적으로 다원주의 사상에 물든 사람은 복음을 받아들이지 못한다. 다원주의 사상이 팽배하게 된 사회는 복음을 부인하고 타락의 길로 가게 된다.

우리에게는 정복하지 못한 땅이 많이 남아 있다. 이 땅과 세계에는 복음을 모르는 사람이 아직도 많다. 생명을 유지하기 위한 최소한의 음식도 없이 죽어가는 사람들도 많다. 아무런 비전도 없이 쾌락으로 일생을 보내는 사람들도 많이 있다. 정복하지 못한 땅은 여전히 우리에게 주어진 사명이다.

우리에게는 이렇게 많은 정복하지 못한 땅이 있고, 그 땅은 우리를 유혹하고 있다. 우리는 하나님께서 정복하지 못한 백성과 관련하여 명하신 두 가지를 기억해야 한다. 하나는 남아 있는 땅을 정복하는 것이고 다른 하나는 그들의 삶의 방식을 본받지 말아야 한다는 것이다.

너희는 이 세대를 본받지 말고 오직 마음을 새롭게 함으로 변화를 받아 하나님
의 선하시고 기뻐하시고 온전하신 뜻이 무엇인지 분별하도록 하라 (롬 12:2)

우리는 우리 안에 들어와 있는 세상의 삶의 방식을 경계하고 그 영향
력을 완전히 제거하는 경건의 훈련을 해야 한다. 우리가 남은 땅을 인식
하고 계속해서 비전을 위한 노력을 경주한다면 우리의 미래는 아릅답게
보장될 것이다.

13
하나님만을 사랑하라

데이터 스모그

이 시대는 정보의 시대이다. 하루만 자고 일어나도 수많은 책들이 출판되고 새로운 소식들이 전달되며 엄청난 양의 정보들이 인터넷을 통하여 쏟아진다. 인터넷과 각종 보도 매체들을 통해서 우리는 이 엄청난 양의 정보를 소유한다. 이 시대에는 더 많은 정보를 소유하고 다룰 수 있는 사람이 주도권을 잡고 살아가게 되어 있다고 한다.

그러나 데이빗 섕크라는 사람은 그의 책 〈데이터 스모그〉에서 많은 정보들이 모든 개개인에게 혼란을 가져오고 결국은 어떤 정보가 옳고 그른지 스스로 판단할 수 없는 상황에 도달하게 되었다고 경고하고 있다. 사람들은 많은 정보를 소유하고 있지만 그 정보의 옳고 그름을 판단할 수 있는 기준을 잃어가고 있다는 것이다.

확실히 이 시대를 살아가는 우리는 판단력을 잃어가고 있다. 너무 많은 정보들이 쏟아져 나오는 세상에서 우리는 자극적이고 이목을 끄는 정보들에만 관심을 갖게 되었다. 많은 사람들이 관심을 보이는 정보들이 힘을 얻고 지지를 받으며 결국 진리가 되어버리는 이상한 현상이 벌어지고 있다.

인터넷에서 검색되는 정보들을 생각해 보라. 주로 자극적이고 폭력적인 정보들이 많은 네티즌들의 검색 대상이 되며 그 정보들은 가장 인기있고 가치있는 것처럼 여겨진다. 그리고 그것이 모두가 공유해야 할 진리의 자리를 대신하고 있다. 많은 사람들의 관심을 끄는 정보들은 그것이 옳건 그르건, 유익하건 해롭건 상업적 이익을 창출한다. 따라서 사람들에게 강한 영향력을 미치게 되는 것이다. 연예계나 스포츠에 관한 소식, 자극적이고 충격적인 소식들만이 검색되고 관심을 끌게 된 것은 당연한 결과이다. 그런 정보들이 하나님께서 받아야 할 모든 관심을 받고 있다. 이 시대는 하나님께 진리를 구하지 않고 있다. 자신들을 흥분시키고 자극시키는 것을 진리로 만들어 가고 있는 것이다.

이런 시대에 살고 있는 우리들은 하나님의 말씀인 진리에 대한 감각을 잃어 버렸다. 세상의 수많은 정보들에 휩싸여 어떻게 살아가야 하는지 갈피를 잡지 못하고 있다. 지금의 그리스도인들은 하나님의 말씀과 진리의 외침보다는 너무 많은 세상의 소리들에 둘러싸여 있다. 그 가운데서 우리는 정체성을 잃어버리고 진리에 대한 판단력을 상실했다. 그저 대중매체들이 이끄는 대로 생각하고 판단하며 대중문화의 유행을 좇아서 살아가게 되었다. 그렇게 우리들은 하나님의 뜻과 멀어져가고 있는 것이다.

여호수아는 비전을 성취했다. 그가 가나안 땅을 모두 정복한 것은 아니지만 그는 비전을 성취한 사람이었다. 그가 생명을 다하는 날까지 하나님께서 주신 비전을 위해 살았기 때문이다. 여호수아는 이제 생명을 마칠 날이 멀지 않았음을 알고 있었다. 그는 마지막으로 해야 할 일이 무엇인지 생각했다. 그는 자신의 뒤에 남겨진 후세대들에게 계속해서 비전을 성취해 나갈 수 있도록 핵심적인 가르침을 정리해서 전하고 있다.

여호수아가 우리가 살고 있는 정보의 홍수시대를 생각하고 걱정했던 것은 아니다. 하지만 그의 가르침은 정보의 시대를 사는 우리에게 가장 가치 있는 말씀이다. 여호수아가 걱정했던 것은 이스라엘 백성들이 앞으로 새로운 땅에서 살아가면서 진리를 잃어버리고 하나님을 떠나게 되지 않을까 하는 점이었다.

절대적인 기준을 세우고 지키라

정보화 시대에 우리가 하나님의 말씀을 따라서 비전을 성취하는 위대한 인생을 살아가려면 무엇이 가장 중요한가? 여호수아는 하나님 말씀을 절대적인 기준으로 세우고 지키라고 말한다.

> 그러므로 너희는 크게 힘써 모세의 율법 책에 기록된 것을 다 지켜 행하라 그것을 떠나 우로나 좌로나 치우치지 말라 (수 23:6)

이 말씀은 진리가 사라져가는 이 시대에 더욱 중요한 가르침이다. 우리가 세상의 소리에 귀를 기울이고 하나님의 말씀으로 기준을 세우지 못한다면 우리는 세상 사람들과 비슷한 삶을 살아가게 될 것이다.

> 사람들이 자기를 사랑하며 돈을 사랑하며 자랑하며 교만하며 비방하며 부모를 거역하며 감사하지 아니하며 거룩하지 아니하며 무정하며 원통함을 풀지 아니하며 모함하며 절제하지 못하며 사나우며 선한 것을 좋아하지 아니하며 배신하며 조급하며 자만하며 쾌락을 사랑하기를 하나님 사랑하는 것보다 더하며 (딤후 3:2-4)

이것이 바로 세상 사람들의 모습이다. 하나님의 말씀으로 분명한 기준을 세우지 못하면 우리의 삶은 자기만을 사랑하게 되며 쾌락을 사랑하게 된다. 그러한 삶은 결국 헛된 것을 위해 삶을 소모하고 죽을 수밖에 없는 삶이 된다.

하나님의 말씀에 따라 비전을 성취하는 삶을 살지 않으면 필연적으로 우리는 아무런 목적 없이 방황하게 된다. 방황하는 삶의 특징은 늘 바쁘게 사는 것 같지만 아무것도 성취되는 것이 없다는 점이다. 이 시대에 얼마나 많은 악한 정보들이 우리를 유혹하고 있는가? 직장인들은 모두 주식과 펀드에 미쳐있다. 성경은 펴지도 않고 인터넷에만 몰두하고 있다. 세상의 쾌락과 세상의 자랑을 찾아 우리가 얼마나 많은 시간들을 허비하고 있는가? 음란한 영화들과 정신을 갉아먹는 해로운 컴퓨터 게임들에 이 시대의 젊은이들이 중독되어 있다. 연예인들에 중독되어 있는 이 시대 청소년들은 아무 비전이 없이 살아가고 있다. 우리가 이렇게 돈과 쾌락이 전부라고 생각하는 세상의 몸부림에 시선을 빼앗겨 인생을 소비한다면 바쁘고 힘들게 살아도 아무것도 이루어진 것이 없는 부끄러운 인생이 될 뿐이다.

우리는 하나님의 말씀을 사랑해야 한다. 직장에 도착하면 제일 먼저 하나님의 말씀을 펴야 한다. 공부하기 전에 기도하며 왜 공부해야 하는지 묵상해야 한다. 헛된 쾌락에 몰두했던 시간들을 말씀으로 훈련받는 일에 써야 한다. 그러면 우리의 삶이 아름답게 변해갈 것이다. 비전을 성취할 수 있는 생활 습관이 형성될 것이다.

세상의 문화를 경계하라

세상의 문화는 하나님의 말씀으로 세워진 절대적인 기준을 파괴한다. 문화는 은밀하게 우리의 삶을 바꿔놓는 힘이 있다. 여호수아는 후세대에게 세상의 문화를 따르지 말라고 경고한다.

> 너희 중에 남아 있는 이 민족들 중에 들어 가지 말라 그들의 신들의 이름을 부르지 말라 그것들을 가리켜 맹세하지 말라 또 그것을 섬겨서 그것들에게 절하지 말라 오직 너희의 하나님 여호와께 가까이 하기를 오늘까지 행한 것 같이 하라 이는 여호와께서 강대한 나라들을 너희의 앞에서 쫓아내셨으므로 오늘까지 너희에게 맞선 자가 하나도 없었느니라 너희 중 한 사람이 천 명을 쫓으리니 이는 너희의 하나님 여호와 그가 너희에게 말씀하신 것 같이 너희를 위하여 싸우심이라 그러므로 스스로 조심하여 너희의 하나님 여호와를 사랑하라 너희가 만일 돌아서서 너희 중에 남아 있는 이 민족들을 가까이 하여 더불어 혼인하며 서로 왕래하면 확실히 알라 너희의 하나님 여호와께서 이 민족들을 너희 목전에서 다시는 쫓아내지 아니하시리니 그들이 너희에게 올무가 되며 덫이 되며 너희의 옆구리에 채찍이 되며 너희의 눈에 가시가 되어서 너희가 마침내 너희의 하나님 여호와께서 너희에게 주신 이 아름다운 땅에서 멸하리라 (수 23:7-13)

우리는 이 세상을 떠나 살 수 없다. 필연적으로 우리 주변에는 세상의 문화를 가지고 살아가는 사람들이 많이 있다. 말씀을 기준으로 우리가 그들을 변화시키지 않는 한 우리가 그들의 영향을 받아 변질될 수밖에 없다.

폴 틸리히는 '종교는 문화의 실체이며, 문화는 종교의 외연이다'라고

했다. 문화는 삶의 방식이며 그 안에 신앙을 담고 있다. 우리가 외적으로 세상의 삶의 방식을 따라하다 보면 결국 우리의 신앙이 세상의 사상으로 바뀔 수밖에 없는 것이다. 우리는 스스로의 삶의 방식을 돌아보아야 한다. 세상의 악한 삶의 방식은 모양이라도 버려야 한다. 우리의 삶의 모습이 우상을 섬기는 사람들과 비슷해져 갈 때 우리의 믿음도 사라져 버린다. 이 시대 교회들을 보면서 우리가 걱정하는 것은 교회가 외적으로 세상의 화려함을 닮아간다는 것이다. 세상의 경영방식이 교회로 들어오고 있다는 것이다. 이러다가 교회를 지탱하던 신앙의 근본이 예수 그리스도에서 다른 것으로 바뀔 수 있다는 것을 주의해야 한다.

이스라엘 백성들이 우상을 섬기게 된 이유는 어느 날 갑자기 개종을 했기 때문이 아니다. 그들은 자신들이 정복한 땅에서 살아가면서 그 땅의 문화를 받아들였다. 농경을 하기 위해 가나안 원주민들이 행했던 제사를 받아들였다. 그들의 삶의 방식을 따라 결혼도 하고 잔치도 했다. 비가 오게 하기 위해 제사를 하면 농사가 잘 되고 부유하게 살 것이라 기대했다. 그렇게 그들은 하나님께서 그 땅을 주신 이유를 망각하고 물질과 쾌락을 위해 무엇이든 받아들였다. 그것이 바로 우상숭배를 낳게 된 것이다. 물질과 쾌락을 위해서라면 무엇이든지 할 수 있는 것이 이 세상 아닌가? 돈을 많이 준다면 얼마든지 육체를 팔 수 있는 것이 이 세상이다. 쾌락을 위해서라면 얼마든지 돈을 낼 수 있는 것이 이 세상이다. 이러한 삶의 방식을 따라가면 우리는 언젠가 정신까지 빼앗기게 된다.

일제강점기에 이상화 시인은 '그러나 지금은 들을 빼앗겨 봄조차 빼앗기겠네'라고 탄식했다. 시인은 일본에 땅을 빼앗긴 우리 민족이 민족의 정신까지 빼앗길 것을 우려하며 탄식했던 것이다. 우리는 죄와 탐욕이 가득한 세상에 살고 있다. 우리는 스스로 믿음을 빼앗기지 않기 위해 탄식해야 한다. 하나님의 말씀으로 스스로를 세워가야 한다.

우리는 우리만의 삶의 방식을 가지고 살아야 한다. 오히려 세상 사람들이 우리의 삶의 방식을 따라 오도록 새로운 문화를 창조해야 한다. 기독교인의 음악, 기독교인의 문학, 기독교인의 미술, 기독교인의 경제생활, 기독교인의 패션, 기독교인의 영화와 오락을 만들어가야 한다. 우리는 하나님을 찬양하는 음악을 즐거워하고, 건강한 문학과 예술을 누리고, 기독교인다운 검소한 생활과 나눔의 경제생활을 추구하고, 섬기고 봉사하며 즐거운 땀을 흘리는 것을 기뻐해야 한다.

우리는 하나님이 원하시는 삶을 살아가면서 우리의 삶의 방식으로 세상 사람들을 감동시켜야 한다. 세상에 하나님의 덕을 선전하고 그들을 하나님 앞으로 인도해야 한다. 그러면 세상 사람들의 문화를 바꾸어 갈 수 있다. 우리가 문화의 개혁자가 되지 않으면 결국 우리가 세상을 따라 하나님을 버리게 된다.

하나님만을 사랑하라

결국 우리는 하나님만을 사랑해야 한다. 이것이 비전을 이루는데 가장 중요한 마지막 명령이다. 하나님을 사랑한다고 하는 것은 감정적인 문제가 아니다. 또한 일시적이고 순간적으로 완성되는 일도 아니다.

오직 너희의 하나님 여호와께 가까이 하기를 오늘까지 행한 것 같이 하라 (수 23:8)

사랑하는 것은 가까이 하는 것이다. 가까이 하라는 말은 '견고히 붙어서 떨어지지 말라'는 의미이다. 결국 하나님을 사랑하는 것은 말씀과 기도로 하나님과 계속적으로 교제하며 그 분이 원하시는 것들을 삶 속에서 이루어 가라는 뜻이다.

다니엘은 바벨론에 잡혀가 우상의 문화 가운데 살았다. 하지만 항상 하나님께 기도함으로 교제의 끈을 놓지 않았으며 죽음의 위협 앞에서도 하나님께서 원하시는 대로 살 수 있었다. 그가 험난한 시대에 태어났지만 성공적인 사람이 될 수 있었던 이유는 어디에서든지 어떤 상황에 처해 있든지 하나님을 사랑했기 때문이다. 하나님을 사랑하는 것은 비전을 성취하는 강력한 에너지를 만들어 낸다.

사랑이라는 것은 계속적인 것이어야 하며 삶으로 드러나는 구체적인 것이어야 한다.

하나님을 사랑하는 것은 이것이니 우리가 그의 계명들을 지키는 것이라 그의
계명들은 무거운 것이 아니로다 (요일 5:3)

하나님을 사랑하고 계속적으로 동행하며 하나님의 말씀을 지켜 사랑을 보여야 한다. 하나님께서 우리에게 주신 비전을 성취하는 축복은 자동으로 주어지는 것이 아니다. 이스라엘에게 주어졌던 약속의 땅이 후에 '상실의 땅'이 되었던 것처럼 우리가 세상의 문화를 좇아 살면서 하나님의 백성으로서의 정체성을 잃어버릴 때 우리는 비전을 상실하고 멸망의 길을 걸을 수밖에 없다. 항상 하나님만을 사랑하라. 스스로 하나님만을 사랑하고 있는지 점검해 보라. 하나님을 사랑하기 때문에 하고 있는 일이 무엇인지 찾아보라. 우리가 누군가를 진정으로 사랑하면 그를 위해 무엇인가를 하게 된다. 우리가 하나님을 사랑하면 사도바울처럼 하나님을 위해 목숨까지도 아끼지 않는 헌신이 나타나게 된다. 하나님께서는 그렇게 하나님을 사랑하는 사람에게 놀라운 능력을 주신다.

늘 하나님과 친밀히 교제하는 것이 모든 인생의 온전한 해결책임을 굳게 믿고 진리의 기준에 서라. 우상의 문화를 답습하지 말고 하나님만을 가까이 하여 살아가라. 그러면 우리는 진정으로 비전을 이루는 아름다운 삶을 살게 될 것이다.

에필로그

위대한 인생을 향하여

비전을 이루는 삶

"비전을 추구할 용기만 있다면 우리들의 모든 비전이 실현될 수 있다." 월트 디즈니의 유명한 말이다. 이 세상에서 가장 불쌍한 사람은 비전이 없는 사람이다. 비전은 있으나 비전을 위해 아무 노력도 기울이지 않는 사람, 잘못된 방법으로 비전을 이루려는 사람 역시 불행하다. 비전이 없는 사람은 아무 의미도 없는 인생을 살게 된다. 비전이 있지만 그 비전을 위해 아무 노력도 기울이지 않는 사람은 어떤 성취도 이루지 못하고 삶을 마감하게 될 것이다. 잘못된 방법으로 비전을 이루려는 사람은 비전이 다 이뤄졌다고 생각할 때에 모든 노력이 허사로 돌아가고 말

것이다. 비전을 추구하여 성취하는 사람만이 위대한 인생을 선물로 얻는다.

성도에게 있어 비전이란 스스로 만드는 미래의 그림이 아니라 하나님께서 주신 삶의 계획이다. 하나님께서는 하나님을 믿는 모든 사람에게 비전을 주신다. 그 비전을 찾고 평생에 걸쳐 그 비전을 위해 용기 있게 도전할 수 있다는 것은 성도에게 주어진 가장 큰 축복이다. 비전이 이루어지지 않더라도 비전을 추구하며 살아간다는 자체가 이미 너무나 행복한 일이다.

게다가 하나님께서는 성경을 통해 우리가 어떤 방법으로 비전을 이루어가야 하는지에 대해 가르쳐 주셨다. 이 책에서는 비전을 성취하는 과정을 가장 잘 보여주는 여호수아의 인생에 주목해 보았다. 이렇게 비전을 찾고 성취하는 과정을 우리 자신의 인생에 적용하여 멋진 비전을 발견한다면 우리의 삶은 이제 위대한 인생을 시작한 것이다.

많은 사람들이 자신의 성공담을 책으로 펴냈다. 그들의 성공담이 재미있지만 비전의 교과서가 될 수 없는 이유는 지나치게 개인적인 이야기이기 때문이다. 이 세상에는 비전을 이루었다고 스스로 말하는 사람이 많이 있다. 하지만 비전을 이룬 사람들은 많지 않다. 비전이 아닌 자신의 야망을 향해 무슨 일이든 가리지 않았던 히틀러 같은 사람이나 잘못된 방법으로 비전을 이루려고 부정을 일삼았던 닉슨 같은 사람은 성도의 모범이 될 수 없다. 한국에도 유명한 사람들은 많지만 하나님을 사랑하는 아름다운 삶의 모습으로 감동을 주는 사람은 많지 않다.

　이런 상황에서 광야의 이스라엘을 하나님께서 약속하신 땅으로 이끌었던 참된 지도자 여호수아의 모습은 이 시대에 비전을 이루며 살기 원하는 성도들에게 진정한 귀감이 되고 있다. 우리가 여호수아에게 집중한 이유는 가장 객관적으로 모든 사람에게 적용할 수 있는 비전 성취 과정을 도출해낼 수 있기 때문이다.

비전을 위해 준비하라

　여호수아의 일생을 정리해 보자. 여호수아는 자신의 민족 이스라엘이 애굽의 종살이를 하던 비극적 상황에서 태어난 인물이다. 그의 출생은 쉽지 않은 삶을 예고하고 있었다. 그의 성장 과정은 자유가 없는 민족의 설움을 대변하는 삶이었다. 그는 애굽의 종살이에서부터 광야의 혹독한 시련과 땅을 차지하기 위한 힘겨운 전쟁을 모두 겪을 수밖에 없었던 험난한 인생을 살았다. 이 시대에 여호수아와 같은 상황에서 태어난 아이에게 소망을 발견할 수 있는 사람은 많지 않을 것이다.

　그는 뛰어난 능력과 믿음을 겸비한 청년이었지만 약 80세에 이르기까지 민족과 함께 광야의 고통을 겪으며 비전의 땅을 밟지 못하는 인생을 살았다. 위대한 지도자 모세의 그늘에 가려서 많은 나이가 들도록 비서 역할을 감당하던 사람이기도 했다.

여호수아는 새로운 땅을 주실 것이라는 하나님의 비전을 받아 민족의 지도자로 서서 정복의 사명을 완수하기까지 참으로 오랜시간 시련과 고난을 이겨낸 인물이었다. 그는 오랫동안 계속된 민족의 위기 속에서도 하나님에 대한 신뢰와 순종을 바탕으로 비전을 이루기 위해 스스로 준비했던 인물이었다. 그는 한결같이 모세의 곁에서 신실한 수종자의 역할을 감당했고 모든 일에 믿음으로 반응했다. 그는 민족의 시련과 고통 속에서도 하나님을 신뢰하며 더욱 강하고 담대한 믿음의 사람으로 성장해 갔다. 우리는 늘 말씀에 순종하며 하나님께서 주신 비전을 믿음으로 지켜나가는 젊은 여호수아의 모습을 쉽게 상상할 수 있다.

그는 모든 것을 포기하고 싶은 시기가 찾아와도 결코 비전을 포기하지 않았고 시련에도 쓰러지지 않았다. 그의 인생에서 가장 힘든 시기를 꼽으라면 아마도 12명의 정탐꾼 중에 한 사람으로 가나안 땅을 정탐한 후였을 것이다. 그는 비전으로 땅을 바라보고 믿음으로 정복전쟁을 벌일 것을 주장했지만 다수의 의견에 밀렸다. 10명의 정탐꾼들은 그 땅을 정복할 수 없을 것이라는 비관적 예측을 내놓았다. 여호수아는 다른 사람들에 의해 비전이 좌절되는 아픔을 맛보았다. 이후 40년에 가까운 광야 생활을 하게 되었다.

하지만 여호수아는 자신의 비전이 주위 사람들로 인해 좌절되고 온 민족이 광야의 혹독한 고통을 겪게 된 상황에서도 늘 자기 자리를 지키며 하나님께서 주실 미래를 준비했다. 그에게는 좌절과 고통의 시간도 모두 하나님의 인도하심을 준비하는 시간으로 선용할 수 있는 믿음과 지혜가 있었다.

현대인들은 너무 쉽게 포기한다. 너무 쉽게 누리려 한다. 미래를 준비하려 하지 않는다. 쉽게 삶을 포기한다. 목표가 없이 방황한다. 미래를 준비하는 인고의 시간을 싫어한다. 그런 사람에게는 비전을 이루는 위대한 삶이 주어지지 않는다. 우리는 늘 미래를 준비했던 젊은 여호수아를 생각하며 말씀과 기도로 무장하여 부단히 인생을 준비해야 한다. 상황이 비관적이더라도 최선의 것을 찾아내야 한다. 하나님께서 우리에게 기회를 주실 때를 기다리며 스스로 미래를 준비하라. 여호수아와 같이 하나님께서 길을 여실 때가 올 것이다.

신실하게 순종하라

여호수아는 이스라엘이 애굽에서 종살이하던 암울한 시대에 태어났으나 항상 하나님께 순종했다. 그리고 하나님께서 세우신 지도자 모세에게도 신실하게 순종하는 인물이었다. 하나님께서 주신 비전을 성취하는 사람은 하나님과 하나님께서 보내신 지도자에게 순종한다.

하나님께서 약속하신 땅으로 들어가기 위해 준비하고 있을 때 여호수아는 요단강을 건너라는 명령을 받았다. 언덕까지 물이 넘실거리는 요단강을 언약궤를 메고 건너라는 이해할 수 없는 명령을 받았을 때에도 여호수아는 믿음을 가지고 담대히 순종하였다. 요단강을 건넌 후에도 여호수아는 하나님께 납득할 수 없는 명령을 받았다. 하나님께서는 여호수아에게 전쟁 직전에 모든 남성에게 할례를 행하라는 명령을 주셨다. 여호수아는 이러한 명령에도 일관된 마음으로 순종하였다. 여리고성을 정복할 때에도 여리고성을 돌라는 명령에 순종했다. 그는 늘 하나님께 신실한 순종을 보였다.

그는 하나님께서 약속대로 가나안 땅을 주실 것이라는 믿음을 가지고 있었다. 모든 순종은 믿음으로 가능했다. 그가 만약 자신의 생각으로 모든 일에 대처했다면 결코 순종할 수 없었을 것이다. 자신의 생각보다도 하나님을 신뢰하는 여호수아의 믿음이 그의 비전 성취의 밑거름이었다. 사실 여호수아에게 주어졌던 비전의 땅을 정복하는 일은 그렇게 쉬운 일이 아니었다. 그가 지도자가 되었을 때 하나님의 말씀을 듣지 않고 교만해 질 수도 있었다. 하지만 그는 모든 유혹을 물리치고 언제나 하나님께 순종했다.

훌륭한 신앙으로 하나님께 순종하며 기업을 운영한 월마트 창립자 샘 월튼은 항상 성경적 경영이념을 앞세워 많은 사람들의 귀감이 되었다. 그는 평생 권력의 유혹을 단호히 뿌리쳤다. 직원들을 종업원이라 부르지 않고 협력자라고 부르며 인생의 동반자로 예우했다. 그는 억만장

자가 된 후에도 항공기 1등석을 타지 않았다. 항상 월마트에서 구입한 저렴한 옷을 입고 낡은 트럭을 몰고 다녔다. 그는 자선사업과 교회사업에 자신의 재산을 내어놓았다. 그는 처음부터 끝까지 변함없이 하나님께 순종하는 마음으로 평생을 살았던 사람이라고 말할 수 있다.

여호수아의 삶은 늘 순종으로 요약된다. 그는 마지막까지 자신은 하나님만 섬기겠다고 결단했다.

> 만일 여호와를 섬기는 것이 너희에게 좋지 않게 보이거든 너희 조상들이 강 저쪽에서 섬기던 신들이든지 또는 너희가 거주하는 땅에 있는 아모리 족속의 신들이든지 너희가 섬길 자를 오늘 택하라 오직 나와 내 집은 여호와를 섬기겠노라 하니 (수 24:15)

그는 죽음에 이르기까지 백성들에게 하나님만 섬기고 순종할 것을 외쳤다. 그의 마지막 설교와 유언들도 모두 하나님만을 섬기고 순종하라는 것이었다. 이렇게 하나님 말씀에 철저히 순종하는 삶을 살았던 그는 실제로 엄청난 영향력을 끼쳤다. 그와 동시대에 살았던 사람들은 자신들이 죽기까지 여호수아의 교훈을 마음에 품고 하나님께 순종하며 살았다.

> 이스라엘이 여호수아가 사는 날 동안과 여호수아 뒤에 생존한 장로들 곧 여호와께서 이스라엘을 위하여 행하신 모든 일을 아는 자들이 사는 날 동안 여호와를 섬겼더라 (수 24:31)

하나님의 말씀에 순종하며 비전을 이룬 사람은 이렇게 큰 영향력을 발휘한다. 그 사람을 보고 많은 사람들이 새로운 삶을 결단한다. 이렇게 아름다운 영향력을 발휘하는 사람이 이 시대에 필요한 진정한 성공자이다.

늘 담대하라

하나님께서 가나안 땅을 정복하는 비전을 맡기시면서 여호수아에게 주셨던 처음 말씀은 '담대하라'는 것이었다. 강력한 사탄의 힘이 판치고 있는 이 세상에서 하나님께서 주신 비전을 이루며 살아가기 위해 가장 필요한 것은 담대함이다. 하나님의 말씀대로 비전을 성취함에 있어 세상의 위협과 유혹이 너무나 크고 적들이 너무나 강하기 때문이다.

이러한 담대함의 원천은 무엇인가? 바로 하나님의 약속에 대한 강한 믿음이다.

> 강하고 담대하라 너는 내가 그들의 조상에게 맹세하여 그들에게 주리라 한 땅
> 을 이 백성에게 차지하게 하리라 (수 1:6)

여호수아가 하나님의 약속을 믿지 못했다면 현실에 좌절하고 용기를 잃어버렸을 것이다. 하지만 여호수아는 하나님의 약속을 확실히 붙잡았다. 그 결과 여호수아는 너무나 담대한 사람이 되었고 그 담대함은 그가

위대한 인생을 살 수 있게 해주었다.

비전을 성취하는 삶은 가치 있고 복된 삶인 동시에 세상의 악과 싸우는 영적 전쟁으로 가득한 삶이다. 우리는 스스로의 죄악된 삶을 개혁해야 하며 세상의 죄악과 싸우며 하나님의 비전을 이루어야 한다. 그 과정에서 어려운 시련이 있을 수도 있다. 따라서 담대하게 하나님의 약속을 믿고 나아가는 사람만이 중도에 포기하지 않을 수 있다.

여호수아는 백십 세가 되어 죽었다. 여호수아의 마지막 장은 여호수아를 모세의 수종자가 아니라 여호와의 종이라고 소개한다.

이 일 후에 여호와의 종 눈의 아들 여호수아가 백십 세에 죽으매 (수 24:29)

여호수아는 모세의 종으로 시작하여 하나님께서 가장 위대하게 쓰신 여호와의 종이 되었다. 그가 여호와의 종으로 실패하지 않았던 이유는 그가 담대한 정신을 소유했기 때문이었다. 그는 가나안의 높은 성들과 강한 민족들을 보아도 결코 소심해지지 않았다. 그는 큰 강을 앞에 두어도 좌절하지 않았다. 그는 하나님을 의심하고 죄악을 저지르는 백성들을 책망할 때 주저하지 않고 담대하게 말씀을 전하기도 했다.

현대 사회는 점점 더 안락함과 평안함을 추구하는 세상이 되어가고 있다. 이 시대 젊은이들은 편안하게 먹고 살기 위해 돈이 많은 배우자를 만나거나 돈을 많이 버는 직업을 얻는 것을 삶의 목적으로 삼고 있다. 신앙을 가진 젊은이들도 이 세대를 본받고 있다. 이 시대는 그러한 삶을 우리에게 강요하고 있다. 하나님께서 주신 비전을 따라 살아가는 것은 시대와 동떨어진 어리석은 삶이라고 여겨지기 쉽다.

하지만 우리는 하나님께서 선택한 비전의 용사들이다. 우리 모두에게는 하나님께서 기대하시는 위대한 인생이 기다리고 있다. 하나님은 언제나 우리를 지키시는 산성이며 요새이시다. 우리가 안정적인 삶에 대한 욕구를 깨고 비전을 향한 용기로 비상할 때 우리의 삶은 위대함에 한 걸음씩 가까이 갈 수 있다. 위대한 인생으로의 돌파구는 담대한 용기에서 시작된다. 지금 담대함을 달라고 기도하라.

하나님의 말씀을 펴고 큰 소리로 하나님의 약속을 받으라. 말씀에서 담대함을 얻고 삶의 현장으로 나아가라. 우리는 시대와 동떨어진 인생이 아니라 이 시대가 감당치 못하는 위대한 인생을 살아갈 수 있다는 것을 잊지 말라. 강하고 담대하라.

여호수아는 항상 비전을 위해 준비하는 사람이었다. 어떤 상황에서도 말씀에 순종하는 믿음을 훈련했다. 하나님의 약속을 따라 담대함을 소유하기에 힘썼다. 그의 삶을 따라 우리의 삶을 디자인할 때 우리는 위대한 인생을 살아갈 수 있다. 비전을 찾으라. 여호수아에게 주셨던 하나님의 명령을 따라 비전을 향하여 전진하라. 하나님께서는 우리를 여호수아와 같이 위대한 인생으로 사용하실 것이다.